섬의 반란, 1948년 4월 3일

— 제주4. 3사건의 진실

현길언 지음

섬의 반란,
1948년 4월 3일

— 제주4.3사건의 진실

현길언 지음

백년동안

차 례

저자의 말

대한민국 정부는 남로당이 자유민주주의 정부 수립을 방해하기 위해 일으킨 '반란의 날'을 '4.3희생자 추념일'로 정했다. 이러한 역사의 아이러니를 보면서 『섬의 반란, 1948년 4월 3일』을 독자 앞에 내놓게 되었다.

제주4.3은 내 소설의 토양이었다. 그것은 내 아름다운 소년기를 휩쓸었던 폭우였다. 아마 소설을 쓰게 된 것도 이 비극적인 사건의 근원에 대한 물음 때문이었을 것이다. 아침에 만났던 사람을 저녁에 다시 만나게 되면 그렇게 반가울 수 없었다고 어른들은 그 악몽의 세월이 지나 집안의 대소사에 모이면, 그 이야기를 털어놓았다. 모진 운명처럼 살아왔던 그 시간에서 살아남은 자로서 먼저 죽은 자의 아픔과 원한을 증언하였다. 분노도 증오도 원망의 기색도 없이 너무 담담하게 말하던 그 표정과 어투에서 나는 문학의 생리를 생각하면서 배웠다. 9살이었던 그때 일이, 어제 일보다 더 생생하게 살아남은 것은 이야기를 들으면서 이야기 근원에 대한 생각을 떨쳐버릴 수 없었기 때문이다.

지난여름 내 인생살이에서 전혀 예상하지 않았던 일을 모질게 경험했다. 참여정부 시절에 만든 『제주4.3사건 진상조사보고서』에 대한 내 생각을 「본질과현상」에 게재했는데, 제주4.3 관련 단체와 일부 지방 언론이 입에 담을 수 없는 모욕적인 언어로 나를 매도했다. 처음에는 약간 충격을 받았는데, 그런 분위기가 일부에 그친다는 사실을 알았다. 또한 내 글을 비난했던 그들조차 4.3에 대한 지식이 피상적이고 이념적이라는 생각이 들어 그 사건의 진상을 나름대로 팩트(fact)를 중심으로 써야 하겠다는 어떤 의무감을 갖게 되었다.

역사적 사실에 대한 인식은 역사의식에 따라 달라질 수가 있으나, 그것은 팩트(fact)를 전제로 한다. 그런데 그 보고서는 '과거사 청산'이라는 정치이념을 실현하는데 필요한 일종의 '정치문서'이지 역사적 사건을 복원하려는 진정성이 없었다. 그래서 4.3사건을 객관적 자료에 의해 역사적으로 복원하는 글과, 내가 직접 겪은 체험기를 한데 묶어 독자 앞에 내놓게 되었다.

이 글들이 그 사태의 진상을 완벽하게 드러내었다고 말할 수는 없겠다. 하지만 나는 역사학자도 아니고, 이 4.3을 정치적으로 이용하려는 부류의 사람도 아니기에 주변부 지역의 역사적 상황을 탐색하려는 작가적 양식으로 이 글을 썼다. 그런데 이 책의 마지막 교정지를 읽으면서 문득 정치판에서 벌어지고 있는 역사의 아이러니(4.3추념일 제정)에 대한 답을 얻게 되었다.

제주4.3사건이 일어났고, 이를 진압하기 위해 11연대를 파견하는 과정에서 반란(소위 여순사건) 사건이 일어났다. 이를 심각하게 생각한 정부에서 본격적인 숙군(肅軍) 작업을 실시함으로 (그 과정에서 문제가 있기는 했지만) 한국군 내부에 공산주의에 동조하는 세력과 공산 프락치를 완전히 제거할 수 있었다. 만약 이때 숙군이 제대로 이루어지지 않았다면 6.25전쟁의 양상도 달라졌을 것이다. 여기까지 생각하면 소름이 끼친다. 아아, 그러기에 정부가 자유민주주의 국가 건설을 거부하여 일으킨 '반란의 날'을 사건 희생자 추념일로 정하게 되었구나. 역사의 아이러니에 대한 해답을 이렇게 정리했다.

2014년 3월 현길언

1장

제주4.3사건의 실상

1948년 4월 3일

한국의 국토 남단에 자리 잡은 따뜻한 땅, 사철 아름다운 풍광으로 세계 사람들에게 자연의 평화로움을 몸으로 전해주는 제주도(濟州島). 그 섬에서, 1948년 4월 3일 새벽 2시에, 한라산 기슭에 있는 여러 오름(岳)에서 봉화가 올랐다. 이를 계기로 무장한 남로당 인민 유격대는 도내 12곳 경찰지서를 습격하여 경찰관을 살해하였고, 5.10 선거 관계자들을 비롯한 우익단체 인사와 그들의 가족을 테러하는 피의 반란을 일으켰다. 38선 이남에서 남로당이 주도하여 조직적으로 일으킨 최초의 무장 반란이었다. 이 후 계속되는 선거 방해로 북제주 2개 선거구가 투표자 미달로 선거 무효가 되었다. 박헌영이 주도하는 남로당의 단선(單選) 단정(單政) 반대 투쟁은 제주에서만 성공을 거두었다. 이러한 사건이 한국의 주변지역 이 섬에서 어떻게 일어날 수 있었던가? 지주와 소작인의 대립적인 관계나 노사 갈등도 상존하지 않는 이 땅이 사회주의 국가 건설의 실험대가 되면서 주민들은 잔인한 피의 역사에 너무 비싼 값을 치러야 했다.

주변지역 "섬"

동경 126도, 북위 33도에 위치한 넓이 1,824평방킬로미터인 제주도는 1,950미터의 한라산이 전부이다. 그 산 줄기가 바다를 향해 사방으로 뻗어 내린 그 기슭에 오름(岳)들을 껴안은 초원이 펼쳐져 있고 더 내려오면 겨우 농사를 지을 수 있는 농경지를 중심으로 마을이 형성되어 있다. 농경지라야 돌밭(石田)을 일구어 만든 밭들이 길고 긴 돌담을 경계하여 있고, 바다 바람을 피해서 초가들이 옹기종기 모여 있다. 그 마을들은 한라산의 지류이니 제주는 한라산이고, 한라산은 제주이다.

이 섬은 본토 남단 목포에서 142킬로미터, 부산에서는 286킬로미터 거리에 있다. 제주에서 350킬로미터 밖에 후쿠오카가 있고 530킬로미터 거리에는 상하이가 있다. 제주를 중심으로 800킬로미터 범위 안에 난징, 오키나와, 오사카가 있고 1,200킬로미터 반경 안에는 베이징, 타이베이, 도쿄가 들어온다. 이렇게 제주도는 한국 영토에 속하였지만 세계 여러 지역과의 교류가 원활하게 이루어질 수 있는 지리적 위치에 있다. 그래서 본토를 통해서 받아들인 북방계 문화와 해상을 통해서 유입된 남방계 문화가 혼류된 독특한 문화를 이루게 되었다.

원래 제주도는 독립 왕국인 탐라(耽羅)였다. 고려 태조 때에 탐라

성주 고자견(高自堅)이 태자 고말로(高末老)를 고려에 입조시키기 시작한 후부터 두 나라는 실질적으로 주종관계가 형성되었다. 그러다가 현종 2년(서기 1011년) 제주가 고려왕국의 한 군(郡)으로 편입되었고, 의종 7년(서기 1153년)에 군(郡)을 현(縣)으로, 행정 권한은 현령에게 이관하였다. 이때부터 제주는 고려 중앙정부의 한 부속 현이 되었다. 조선조에 들어와 중앙집권제가 강화되면서 제주에 1목(牧) 2군(郡)을 설치하였고, 행정은 중앙에서 내려온 관리가 관장했다. 일제강점기에는 전라도에 부속되어 경찰서장이 도사(島司)를 겸하였다.

제주 사람들은 한라산 기슭 초원에서 목축을 하고 좁은 경작지에서 밭농사를 지어 생활을 꾸려나갔다. 섬인데도 주산업은 목축과 밭농사였다. 지질이 특별하여 한라산에서 용출되는 물은 내(川)로 모여들어 바다로 흘러내렸다. 그 과정에서 지하로 많이 숨어들어가 버려서 강을 이루지 못하였고, 내들은 대부분 갈천(渴川)이다. 그래서 수도 시설이 없던 시절에는 물이 귀했다. 제주 사람들은 이러한 자연 여건을 고종달 설화를 통해서 설명하면서 위로를 받았다.[1] 농토의 대부분은 밭인데, 그 밭도 자갈이 많아서 농사짓기에 불편했다. 밭은 돌담으로 구획이 정해져 있는데, 그 길고 긴 밭담을 쌓은 돌은 다 농경지를 개간하면서 일궈낸 것들이다. 이렇게 제주 사람들은 황무지를 갈아 돌을 파내어 농경지를 만들었다.

농토는 척박하여 농사를 지어도 소출이 많지 않아서 식량 자급이 어려웠다. 그래도 사람들은 농사에만 의지하였고, 바다를 이용하려는데 관심을 두지 않았다. 제주는 섬인데도 중심문화는 해양문화가 아닌 농경문화였다. 문화의 중심지역도 개화 이전까지는 중산간(中山間) 부락이었다. 제주의 행정관서인 제주목(牧) 외에 대정(大靜)과 성읍(城邑) 두 군의 현청(縣廳)은 중산간 부락에 있었다. 일제 강점기에 들어와 해안 부락을 연결하는 일주도로(신작로)가 개설되었고, 중산간 부락에 있었던 면사무소를 해안부락으로 옮겼다. 그리고 그 마을에 경찰관 주재소와 초등학교가 세워지면서 해안 부락이 문화의 중심지가 되었다.

일본은 어업을 장려하여, 서귀포(西歸浦), 한림(翰林), 성산포(城山浦)를 어업기지화하면서 제주 사람들에게 바다에 대한 관심을 갖게 했다. 이 세 마을은 개화기 이전에는 작은 해안 방어지에 불과했다. 예전에 제주는 해녀의 잠수질과 뗏목(태우)을 이용해서 연안에서 원시적인 방법으로 어로 작업이 이뤄졌을 뿐 어업 기술이 취약했다. 대부분의 어로작업은 진상품을 마련하기 위해 이루어질 정도였다. 이렇게 사람들이 바다에 대한 관심이 부족했던 것은, 토박이 고양부(高梁夫) 삼성(三姓)을 제외하고는 대부분 도래인(渡來人)이었는데 그들은 농경 생활에 젖어있었기 때문이다.

제주는 토박이와 도래인의 구분이 없다. 모두가 제주 사람이다. 또한 섬이면서도 문화적으로는 본토문화를 지향해서 바다에 대한 관심보다는 뭍에 대한 관심이 더 컸고, 유교식 문화를 지향했다. 친족 관념이 강하고 관혼상제의 의식을 중시하며 양반문화에 대한 향수를 갖고 있다. 기질적으로 가치와 체면을 중시하면서도 척박한 섬 환경에서 살아남기 위해 실리를 추구하기도 했다.

지리적 여건으로 생활환경이 열악할 뿐만 아니라 기후도 생활하기에 적합하지 않았다. 여름에는 습하고 가뭄이 심하거나 비가 많았고, 늦여름에는 태풍이 지나가는 길목이 되어서 밭농사를 지었다가 망치는 경우가 많았다. 겨울은 춥고 바람이 거세어서 어로작업을 하다가 피해를 당하기도 했다. 한라산은 임산 자원을 제외하고는 광물자원이 없어서 산업의 동력을 마련해주지 못했다. 한마디로 1960년대까지만 해도 제주 사람들은 산업 생산성이 취약하고 삶의 여건이 어려운 환경에서 살아왔다.

일제 강점기 제주도

일제 강점기에 일본은 제주를 산업과 군사전략적 요충지로 삼았다.

지정학적 환경을 고려해서 제주가 일본 본토를 방위하는 데 중요한 역할을 감당할 지역으로 판단했다. 그들은 제주에 어업기지를 마련했고, 군사 요충지로서 이용하려고 했다. 1937년 중일전쟁이 끝나자 모슬포에 비행장을 건설하고 오무라(大村) 해군항공대를 설치해 대륙 침공의 전진기지로 이용하려 했다. 세계 제2차대전 말기 1945년 초부터 일본군은 제주를 본토 방어를 위한 전략적 군사 요새지로 삼아 많은 병력을 주둔시켰다.

1945년 4월, 일본 군부는 제주도에 육해공군을 통솔하는 제58군사령부를 설치하고, 그 휘하에 제96사단, 제111사단, 제121사단 등 3개 사단과 1개의 독립여단 및 야포병 연대, 공병 연대, 치중병(輜重兵) 연대 등을 배속시켰다. 이들은 한라산 기슭과 해안 요새지에 군사시설을 구축했고 일본군 병력은 6~7만이 주둔하였다. 일본 군부는 오키나와가 미군에 의해 함락된 후여서 본토를 방어하는데 제주도를 전략적 요충지로 활용하려 했다.

이러한 상황에서 제주도는 일본군과 미군의 결전을 치를 전략지가 되었기 때문에, 관이 주도하여 주민들을 육지부로 소개 이주할 계획이 마련되었다. 1차로 주민을 싣고 육지로 나가던 수송선이 미군기의 폭격으로 막대한 피해를 당한 후부터 이 작전은 보류되었다. 도민은 군사 기지를 구축하는 데 노력 동원을 감당해야 했고, 전쟁

물자의 강제 공출로 산업 생산성이 취약한 주민의 살림살이는 매우 어렵게 되었다.

일제 강점기간 동안에 제주사람들은 일본으로 건너가 공장 노동 일을 하면서 돈을 모아 고향으로 송금했다. 이들은 일본 산업 현장 중에서 제일 열악한 노동 조건에서 주로 여자는 재봉 일을, 남자는 철공소 일을 했다. 초등학교만 나온 청년들은 낮에는 일하고 밤에는 야간중학교를 다니면서 공부하기도 했다. 오사카의 재일 조선인 중에 61%가 제주사람(『보고서』, p.70.)이었다. 이렇게 오사카에 제주인이 증가하면서 정기적으로 제주와 오사카를 왕래하는 여객선 군대환(君代丸)이 취항했고, 이 선박회사의 임금 횡포에 맞서 제주인들이 조합을 만들어 탐라환(耽羅丸)이 취항했으나 오래 유지하지 못했다.

이러한 일본과의 교류는 제주 문화에 큰 영향을 끼쳤다. 학구에 대한 관심과 새로운 생활 방식에 대한 진취적인 태도가 형성되었다. 사람들은 생활에 도움이 안 되는 전통적인 관습에서 탈피하여 실용적인 생활 방법을 선호하게 되었다. 더구나 교육에 대한 욕구가 컸다. 그래서 각 면마다 소학교가 1~2개교씩 설립되었고, 대부분 남자들은 소학교 과정을 마쳤다. 중등 과정의 학교는 제주농업학교가 유일했다. 그러다가 해방이 되자 각 면마다 중학 과정으로 고등공민학교, 중학원이 설립되었는데, 2~3년 후에 모두 정규 중학교가 되었다. 해방 이후 몇 년 만에 각 면마다 중학교가 1개교 이상 세워졌다.

농업학교는 제주 엘리트 양성 교육기관이었다. 이 학교를 졸업하면 면사무소, 면 농회, 초등학교 교원으로 취직했고 지역 사회 엘리트로서 주도적 역할을 담당하였다. 경제적인 여력이 있는 사람들은 광주와 서울을 비롯하여 육지로 유학을 가는 경우도 있었다.

제주 마을들은 집성촌은 아니지만 중심 성씨(姓氏)가 있다. 큰 마을에는 중심 성씨 집안들이 2~3성이 있고, 작은 마을에는 한 성씨가 중심이 되는 경우가 많았다. 이렇게 중산간 부락에는 중심 씨족이 이루어져서 친족공동체가 형성되어 모든 생활 규범과 방식에 큰 영향을 끼쳤다. 혹은 마을과 마을 간, 마을 안 여러 성씨들 간에 갈등이 생기기도 했으나 이것은 경쟁으로 이어져 긍정적으로 작용했다.

제주 사람들은 양반의식이 강했다. 양반이라야, 몇 집안을 제외하면 향교 출입을 한 정도였다. 집안의 지체를 유지하기 위해 씨족 공동체를 더욱 공고히 했다. 사람들은 양반을 지향하지만, 실제로는 육지만큼 한 지역의 정치와 문화를 선도하는 토호 양반 세력은 취약했다. 그래서 늘 육지에서 내려온 관리들에 의해 지배를 당해 왔다. 물론 일부 지방 세력이 외지 세력을 견제하는 경우도 있는데, 그것은 외지인에 대한 배타적 감정으로 표출되기도 했다. 그 연원을 따져보면 왕조시대에 제주로 부임한 외래인 관리들의 횡포, 개화기 이

후에 일어났던 민란의 불씨를 외래인(外來人)이 제공했다는 사실, 일제 강점기 일본인에 대한 적대 감정 등이 혼합되어 형성된 것이다.

이러한 인문 자연 환경에서 일제강점기에도 토착 사회주의자들은 다양한 형태로 지역 문화를 주도해 왔다. 그런데 제주는 전통적인 농경사회였으나 지주와 소작인의 갈등 관계가 없었고 노사 갈등이 일어날 수 있는 사회구조도 아니었기 때문에 사회주의 이념을 가진 인사들은 주민에게 민족의식을 고양하고 생활을 개선하기 위하여 계몽 사업을 주도했다. 야학과 일부 초등학교 과정의 간이학교를 운영하기도 했다. 일제 강점기에 도내 각 기관장과 초·중등 교육기관의 교장은 일본인이었다. 교원 중에도 일본인들이 많아 학교에서는 식민 교육이 철저하게 이루어졌다. 또한 도와 군의 행정관서나 경찰 주재소도 간부급은 모두 일본인들이었다. 그런데 면장은 지역인사들이었다.

해방기의 제주 풍경

전쟁은 끝났으나 제주에 주둔해 있는 일본군의 항복문 조인과 무장해제는 본토보다 늦어졌다. 서울에서는 9월 9일 미군 중장 하지가 아베 노부유키 조선 총독으로부터 항복문서를 받았다. 그런데 제주 주둔군에 대한 항복 문서는 별도로 받게 되었다. 9월 28일에 미 제184보병연대 그린 대령은 일본군 사령부가 있는 제주농업학교에서 제58군단 도야마 사령관으로부터 항복문서를 받았다. 항복문서를 받은 그 시각에 무장 해제 팀이 도착해서 일본군의 무장을 해제했다.

패전 일본군 5만여 명은 10월 23일부터 11월 12일까지 10차례에 걸쳐 미군 LST 편으로 송환되었다. 일본군에 배속되었던 1만 7,000여 명의 한국 출신 병사와 노무자들은 이미 9월 초에 귀향했다. 일본군과 함께 일본 민간인 850여 명도 송환되었다.

일본군 항복 이후 무장 해제가 될 때까지 일본군들의 행패가 심했다. 군수 물자를 뒷거래했고 주민들은 식량난에 허덕이는데 군량미를 전량 소각해 버렸다. 58군단은 약 4개월분의 군량미를 비축하고 있었는데, 이 수량은 제주도 주민 50일 동안의 식량이었다. 전쟁은 끝났으나 제주는 평온하지 않았다.

전쟁을 피해 본토로 갔던 사람들과 돈벌이하러 일본으로 갔던 사람들이 귀향하기 시작했다. 귀환 동포들은 귀국 시 갖고 올 물품이 제한되었기 때문에 정작 고향에 돌아와도 생활은 어려웠다. 일본에서 공장노동을 하면서 공부했던 사람들은 그곳에서 노동 운동을 체험했고, 또한 보다 넓은 생활 경험을 갖고 있었기 때문에 정치와 사회에 대한 인식이 남달랐다.

징용에 나갔던 사람들과 징병으로 입대했던 청년들이 귀국했다. 고향은 이들의 귀국을 반겨줄 상황이 아니었다. 여전히 경제사정은 열악했고 일터도 없었다. 해방이 되었다는 그 감격도 오래가지 않았다. 그들은 기대가 클수록 좌절감도 컸다. 반면에 사회가 혼란된 기회를 이용하여 관리들과 결탁한 밀수꾼들이 늘었다. 과도기인 군정 체제에서 무질서가 판을 쳤다. 권력을 가진 자들은 횡포를 일삼았다. 그 관리들 중에는 일제 강점기 일본 체제에서 일했던 사람들이 많았다. 여전히 그들이 행정업무를 맡게 되면서, 일반 주민의 반일 감정이 미군정에 대한 반감으로 이어졌다. 더구나 군정 당시 제주의 고급 관리들은 거의가 본토 사람들이었다. 이들은 제주 실정에 어둡고 제주 문화나 관습에 익숙하지 않았을 뿐만 아니라 제주에 대한 편견을 갖고 있어서 주민들과의 관계도 원활하지 못했다.

마침 흉년이 들어서 식량난이 극심했고, 쌀 배급 과정에서 비리들이 드러나면서 민심이 흉흉해졌다. 또 전염병 '호열자'가 섬을 휩쓸면서 주민들은 더욱 불안했다. 각 면사무소 마을에는 절간고구마 창고가 있었다. 일제 때에 주정 원료로 쓰기 위해서 공출을 받았던 절간고구마 저장 창고인데, 그 썩은 절간고구마를 배급받기 위해 창고 앞에 주민들이 늘어섰다.

좌익계는 이러한 사회 상황에 대처하기 위한 전략을 준비하고 있었다. 반면에 지주계층이나 전통 양반 문벌이 형성되지 않은 제주사회에서 우익 세력은 취약할 수밖에 없었다. 지식층은 좌익 성향의 인사들과 일제 관료나 일제 산업 기관에서 종사했던 친 체제 사람들 그리고 각급 학교교원들이었다. 그런데 교원들 중에는 좌익 세력에 치우친 사람이 많았다.

미군정기 제주지역의 정치 상황

서울의 정치 상황은 하루가 지나면 다르게 변하는데, 제주는 섬이어서 그러한 변화에 빨리 대응하지 못했다. 일본군 송환이 본토보다 늦어짐에 따라 불안한 치안 상황이 길어졌다. 그러한 와중에서 인민위원회가 치안을 안정시키는 데 앞장섰다.

건국준비위원회로 출발한 제주도 인민위원회는 각 읍면 마을까지 조직되었다. 사람들은 이 기구가 해방 정국에서 실질적인 행정권한을 갖게 될 것이라고 기대했다. 제주도 건국준비위원회는 1945년 9월 10일에 각 읍 면 대표 100여 명이 제주농업학교 강당에 모여 결성했다. 이때 선출된 임원진들과 집행위원들은 제주 사회에서 지도

층 인사들이었다. 이들의 성향은 민족주의적이면서 사회주의적이었는데, 그중에 대부분이 후에 남로당의 주역이 되었다. 중앙에서 건준은 공산주의자들이 중심이 된 극좌파와 사회주의자들을 중심으로 한 온건 좌파와 우익 진영의 인사들로 구성되었다. 그러다가 결국 내분으로 좌익계열이 중심이 되어 인민대표자회의를 개최하여 조선인민공화국조직법안을 통과시킴으로 조선인민공화국(인공)을 수립하게 되었다. 그러나 미군정에서 이를 인정하지 않았다.[2] 이러한 중앙 정치 상황의 변화를 외면하고 제주에서는 자연스럽게 건준이 인공으로 개편되고 인공 산하 인민위원회가 읍 면 마을까지 조직되었다.

인민위원회는 당시에 좌우의 이념을 넘어 과도기 불안정한 치안을 안정시키고, 지역 행정의 주체가 될 것이라고 기대했다. 그런데 미군정은 행정 권한을 그들이 임명한 읍 면장이 담당하도록 했다. 인민위원회는 치안과 교육 계몽 활동 등 주민을 통합하는 비 행정적이면서도 정치적 역할을 일부 담당했다. 그래서 지역의 현안은 읍 면장과 인민위원회 위원장이 서로 협력하여 추진하기도 했다. 초기 인민위원회 읍 면 위원장 중에는 군정기 면장을 지낸 사람도 있었다.

인공은 중앙에서 공산주의를 표방했기 때문에 미군정은 이를 인정하지 않았다. 그래서 지역 인민위원회도 약화되었으나 제주에서는 여전히 지역 정치세력의 중심을 이루고 있었다. 각 지역 인민위원회 조직 대회에 경찰 지서장이 참석해서 축사를 했고 군정에서도 축하하는 분위기였다. 이렇게 제주의 정치 상황은 중앙과는 달랐다.

제주는 중앙 정세에 민감하게 대응하지 못했다. 1946년 10월 사태에 제주는 참여하지 않았다. 좌익 세력은 1946년 10월 31일에 실시한 과도입법의원 선거를 거부했는데 제주에서는 인민위원회 간부 2명이 선출되었다. 이들은 서울에 올라가서야 정국 사정을 파악하고 사퇴한다.[3] 이러한 사례는 주변부 지역의 정치 상황을 설명해주는 특징적인 사건이다.[4]

3.1사건과 3.10총파업

일제 강점기에 제주에서는 사회주의자들이 지역사회에서 지도적 위치에 있었다. 이들은 주민을 계도하고 민족의식을 고취함으로 항일 운동가로서 일정한 역할을 담당했다. 더구나 당시는 비록 군국주의 시대라 할지라도 지식인들이 사회주의에 대한 관심이 강했고 그것이 지식인의 양식처럼 생각하던 분위기였는데 제주 지역도 다름이 없었다. 해방이 되자 이들은 공산주의자 또는 이상적인 사회주의자로 그 모습을 드러내었다.

귀환동포들 중에는 일본에서 노동운동을 경험했거나 사회주의 사상을 가진 청년들도 있었다. 더구나 고향이 이들을 수용할 수 없는 상황에서 사회에 대한 불만 세력이 되면서 자연스럽게 정치세력에 편입되기도 했다. 이들은 경험이나 지식으로 지역 사회의 중심 역할을 감당할 입장에 있었다. 그들 중 일부는 새로 설립되는 초등학교와 중등학교 교원이 되었다.

해방 후 1여 년 사이에 제주에서 각 면 단위로 중학교 과정인 고등공민학교나 중학원이 의식 있는 청년들이나 마을 주민이 주동이 되어 개교되었는데, 교원 자원이 필요했다. 더구나 일본인 교원들이 송환되어서 교원 자원이 부족했다. 그래서 일본에서 중학교 과정을 졸업한 청년들이 초등학교, 중학교 교원이 되었다. 이들은 정치적인 전환기를 맞아서 새로운 희망을 갖고 교육 현장에서 일하게 되었다. 그들은 새로운 사회 체제에 대한 동경으로 좌익세력에 동조했다.

제주도에서 조선공산당이 조직된 것은 1945년 10월이었다. 제주읍 한 민가에서 20여 명이 참석하여 결성했다.[5] 당원 가입은 엄격한 심사를 통해 이루어졌다. 이 모임에서 일제 강점기에 개별적으로 자기 사상을 유지해 왔던 사람들은 사상 검증 과정을 거쳤을 것이다. 일제강점기 동안 그들의 사상은 조금씩 차이가 벌어져 있었다. 그

동안 조선 공산당원들과 그 조직은 외부의 압력에 의해 여러 번 전향했기 때문에, 이러한 사상 검증이 필요했던 것이다. 이렇게 조선공산당 전남도당 제주도 위원회가 결성됨으로 제주 공산당 핵심요원들의 실체를 서로 확인했고, 이들이 제주 좌파의 정치 활동을 주도하게 되었다.

제주도 공산당원은 1946년 말까지 100명을 넘지 않았을 것이라고 추정하고 있다.[6] 그런데 그 수에 관계없이 열정적인 당원 100명의 위력은 폐쇄성을 극복하지 못하고 있는 제주의 정치 환경에서 대단한 정치력을 발휘할 수 있는 조직체가 될 수 있었다. 이들은 중앙당이 좌파 3당을 합당하여 남조선노동당을 결성하면서, 그에 따라 1946년 12월에 남로당 전남도당 제주도위원회로 개편하였다. 위원장에 안세훈, 주요 당원으로서는 김유환, 김은환, 문도배, 현호경, 조몽구, 오대진, 김한정, 이신호, 이운방, 김용해, 김정노, 김택수, 문재진, 부병훈, 송태삼, 이도백 등이었다. 이들은 당시 제주사회의 지식인이면서 지도급 인사들로서 제주도 건준과 인민위원회의 주요 임원들이었다.[7]

남로당은 결성 이후부터 대중정당을 표방하여 당원 증원 운동을 전개하였고 제주읍 중심가에 간판을 내걸고 정치 세력화를 표면화했다. 20명으로 시작한 남로당제주위원회(이후부터 '당')는 1947년 초에는 당원 수가 3,000명에 이르렀다고 한다.(『보고서』, p.94.)[8] 당은 당원의 확충을 위해 각 읍면 단위로 지역 사회에서 신망을 얻고 있는 청장년 지식층, 주로 농회나 면사무소 서기, 초·중등학교의 교원들을 포섭, 입당시켜 사상 교육을 시켰다. 이렇게 당원을 충원하여 교육하고 선전함으로 남로당은 대중 정당으로 제주사회의 정치적 헤게모니를 잡게 된다. 뿐만 아니라 당원들은 대부분 지역 사회와 직장에서 지도적 위치로 일하는 인재들이었기 때문에 대중적 영향력도 컸다. 이미 중앙에서는 남로당이 지하당으로만 활동하는 상황이었으나 제주에서는 지역사회에 영향력을 발휘할 수 있는 세력이 되었다.

이렇게 세력을 확장한 남로당은 1947년 3.1절 기념행사를 전략적으로 이용하여 정치 세력화하는 데 성공한다. 좌익 세력은 1947년 벽두부터 제주도 민주주의 민족전선(민전)을 결성했고, 그해 1월에 조선민주주의청년동맹(민청) 제주도위원회를 창립했는데, 위원장으로 선출된 김택수는 일제 강점기 항일운동에 참여했던 공산당원이었다. 이 민청은 읍 면 단위까지 조직되었다. 중앙에서는 테러단체로 규정되어 그 활동이 제한되자 민애청으로 명칭을 변경했는데, 제주도에서도 이에 따랐다. 후에 제주 민애청은 4.3사건 인민 유격대의 중심 세력이 된다(『보고서』, p.95). 이 외에도 부녀동맹이 결성되는 등, 남로당의 외곽조직들이 1947년 초에 이르러 전도적으로 확대

조직되었다.

1947년 1월 이후 읍면 단위로 민청과 부녀동맹, 농민위원회 등 좌익 단체가 결성되었는데 그 조직대회의 상황은 비슷했다. 임원 선출, 조직 강화, 계몽운동에 대한 토의가 있었고 박헌영, 허헌, 김일성, 조희영, 김택수 등 공산당과 남로당계 주요 인사들을 명예회장으로 추대하였다.[9] 그런데 제주읍 민청 결성대회에서는 특별한 사항들을 처리했다. 남조선 인민항쟁에 쓰러진 희생자에 대한 묵념, 박헌영을 비롯한 4인을 명예의장으로 추대, 목포형무소에 수감 중인 강성렬에게 편지를 전하기로 결의했다. 아울러 구금된 애국투사를 석방하고 박헌영 체포령을 철회할 것을 하지 중장에게 전달하기로도 했다. 대회 참가자들은 이러한 논의를 거친 후 강령을 채택하였고 3.1절 기념행사 건을 주요 의제로 논의하였다.[10]

이어 2월 17일에 3.1절투쟁기념준비위원회가 결성되었다. 관공서를 비롯한 사회단체, 교육계, 유교, 학교 등 각계 각층을 총망라한 인사 중에서 준비위원장을 비롯한 임원 위원 28명이 선정되었다.(『자료집』2, p.83.) 이후에도 각 지역에서 민청 결성대회가 열렸다. 경찰은 3.1절 시위 금지를 공포하면서 3.1절기념준비위 해산을 명령했다.

2월 23일에는 제주도 민주주의민족전선(민전) 결성대회가 열렸는데, 명예의장에 스탈린 박헌영 김일성 허헌 김원봉 유영준 등 6명을 추대했고, 시국선언과 정세 보고가 있었다. 그리고 3.1절 기념일을 앞두고 각 학교 대표자회의를 열고 다음과 같은 사항을 결의했다.

(1) 3.1절기념투쟁위원회와 보조를 같이한다.

(2) 학교 별로 3.1투쟁 기념준비위원회를 조직하고,

(3) 완전 독립을 위해서 투쟁을 계속하고 교원조합과 연대한다.

3.1절 기념행사 준비위는 전도적으로 각 학교와 사회단체, 각 지역 민청, 민전, 인민위원회 조직과 연대하여 치밀하게 주민 동원 계획을 수립하였고, 이 행사를 계기로 좌익계의 힘을 과시하면서 새로운 정치 국면을 열어가고자 시도했다.

행사 당일 제주도 각 지역에서 주민 3~4만 명이 제주읍내 중심지인 관덕정 광장 주위에 운집했다. 경찰은 이날 불상사가 일어날 것에 대비하여 경찰 병력을 배치하고 기관총까지 설치했다. 행사를 마친 사람들이 시가행진을 벌이던 과정에서 기마경관과 시민 사이에 충돌이 빚어져 군중들이 동요하자 경비경찰이 발포하게 되었고, 이로 인해 사람들이 죽고 다치게 된다. 이 사건으로 관련자 문책과 치안 책임자 퇴진 요구 등 도민의 저항이 심해졌다. 좌익 측에서는 대책위원회를 구성하여 사태에 대한 책임을 따지면서 강력한 투쟁을 전개했다. 이 불상사가 도화선이 되어 3월 10일에 제주도청을 비롯한 전 관공서와 학교, 기업체, 공장 등 도내 166개 기관(전체 기관의

95%)이 파업에 참여하였다. 사태는 더욱 악화되었다. 이렇게 3.1사건의 뒤를 이어 3.10총파업 사태가 일어나자 경찰은 이 사건의 배후세력을 색출, 체포·구금하고 조사하기 시작했다. 이 과정에서 불상사가 일어났다.

남로당은 혼란스러운 사회 분위기를 전략적으로 이용해서 대중의 저력을 응집하여 투쟁력을 강화하였다. 표면상으로는 발포 사건으로 야기된 도민의 순수한 저항이 4.3사건의 도화선이 되었다고 하지만, 그러한 불상사가 아니었더라도 남로당은 3.1절을 계기로 그들의 정치 역량을 발휘하고 세력 확장을 도모하여 언젠가는 반란을 일으키려고 의도했다. 그것은 1947년에 들어와서 각 지역 좌익단체를 조직하고 세력화하는 과정에서 드러난 일이었다. 이런 관점에서 3.1사건과 3.10파업은 4.3사건의 전초전이라 말할 수 있다.

3.1사건은 단순한 기념행사에 따른 불상사에 그치지 않고 좌익이 정치세력화하는 좋은 기회가 되었다. 3.10총파업 이후에 남로당이 각 면 마을 야체이카(세포)에 보낸 문건에서 그 점을 확인할 수 있다. 이 문건에는 그 당시 정세 분석과 3.1절 기념행사 시 투쟁방법이 구체적으로 제시되었고 그것을 인민에게 교육, 선전·선동을 강화하는 방법과 지시, 투쟁 실상, 총 파업에 대응한 농촌 및 가두 세포 활동과 기타 파업 단합대회에 대한 내용 등이 포함되어 있다. 이 자료는

3.1절 기념투쟁이 4.3사건의 전초전이었음을 확증시켜 준다.[11] 도민의 소요를 최대한으로 이용하는 것은 남로당의 전략이다. 박헌영이 "1946년 10월 민족적 저항을 모델로 삼아 그에 대항하는 대중운동을 노동당이 주도해야 한다."고 강조했듯이[12] 제주 3.1사태와 3.10 파업은 당이 전략적으로 활용하기에 이용가치가 충분했다. 이렇게 당은 4.3사건을 준비해 왔다.

남로당 중앙당은 28주년 3.1절 기념일을 계기로, 무기 휴회로 들어간 미소 공동위원회 재개 투쟁을 대대적으로 개최할 것을 각 지방 당에 지시했다. 이 사실은 정부보고에서도 인정하고 있다.[13] 이 지시에 의해 당은 전략대로 1947년 초부터 좌파 단체를 정비하고 여러 좌파 조직과 연계해서 대규모 주민 동원에 성공하였다. 그런데 예상치 않았던 불상사가 일어나 치안 담당자에 대한 도민의 저항이 완강해졌다. 이렇게 4.3의 전 단계 투쟁 전략은 성공하게 된다. 더구나 3.10총파업에 성공하면서 더 큰 성과를 얻게 되었다. 그러나 미군정과 경찰이 강력하게 대응하면서 정국은 더욱 경직되고 혼란스러워졌다.

이 두 사건을 계기로 미군정과 경찰은 '제주도 사람은 모두 좌익'이라는 편견을 갖게 된다. 그것은 군정 산하의 모든 공공기관 특히 도청과 군청, 면사무소, 초등학교까지 파업에 참가했기 때문이다.

대한민국 역사상 처음이고 마지막 사태였다. 경찰은 제주도민을 사상적으로 불신하고, 막강한 남로당의 세력을 제압하고 치안을 안정시키기 위해서는 경찰력을 외부에서 충원할 수밖에 없다고 판단하였다. 일부 경찰관들도 파업에 동조했기 때문에 제주사람은 경찰관까지 믿지 못하겠다는 것이다.(『보고서』, p. 122.) 군정당국과 치안 관계자들은 '제주 파업은 남로당이 조직적으로 배후에서 조종했다.'고 인식하게 된 것이다.

이러한 상황에서 경찰은 파업 관련자들을 철저하게 색출하기 시작했고, 치안의 안정을 위해서 본토에서 경찰력을 차출하여 입도시킨다. 1947년 3월 말경에 제주에 들어온 외부 경찰병력은 본도 경찰인원 330명에 비해 90여 명이 많은 421명이나 되었다.(『보고서』, p. 122.) 외부에서 투입된 경찰관들은 파업 주동자를 색출하기 위한 특별수사팀을 조직하고 활동하는 과정에서 불상사가 발생한다. 응원경찰은 제주사람에 대하여 거의 '붉었다.'는 편견을 갖게 되었고, 이러한 인식은 평소에 가졌던 주변지역 '섬사람'들에 대한 잘못된 인식과 겹치면서 제주주민을 적대시하거나 하대하게 되면서 반 인권적인 사태가 벌어지게 되었다. 더구나 사태를 처리하는 과정에서 제주도민들은 아무런 역할도 할 수 없었다. 경찰까지도 본도 출신자들을 배제했고 도청 간부들까지도 파업에 가담하였기 때문에 이 경직된 사태를 중재할 수 없었다. 반면에 남로당은 이 사태를 투쟁 역량을 강화하는 계기로 삼기 위해 각 지역 조직에 지령서를 내려보냈다.

이 파업 사태와 관련하여 검거된 자가 500명에 이르렀는데 그중에 군정재판에 송치된 인원은 199명, 송치 예정자가 61명으로, 회부 건수는 260명이었다.(『보고서』, p. 127.)[14] 군정재판을 받은 자가 328명이었는데, 그중 실형 선고가 52명, 집행유예 52명, 56명이 벌금형, 168명은 기소 유예 또는 불기소 처분을 받았다. 이 사태를 주도한 제주 민전 대표부에 대해서도 민전공동대표인 안세훈만이 징역 1년 집행유예 5년 벌금 5,000원을 선고받았다.(『보고서』, p. 128.) 그 외 지도급 인사들은 벌금형을 받았다. 그러나 경찰 당국에서는 단순히 파업 사태 관련자만이 아니라 내친김에 좌익세력에 대한 검거를 계속해서 2,500명을 검거했었다.(『보고서』, p. 128.)

3.1 사건 이후 경찰과 주민의 관계도 매우 경직되어 있어서 종종 서로 간에 불상사가 일어났다. 좌익계 인사들을 색출, 검거하는 과정에서 각 지역 주민을 대표하는 인사들이 주모자로 구속되기도 했다. 피검자가 가혹하게 취조받는 경우도 있었다. 학생들이 남로당의 사주를 받고 연락책으로 활동하다가 검거되어 조사 과정에서 고문치사되는 불상사도 일어났다. 주민과 경찰의 관계는 악화되었는데 남로당은 이러한 분위기를 전략적으로 이용했다.

좌익과 경찰의 대립이 격화될수록 사회는 불안했고, 더구나 혼란기를 틈타 각종 비리와 부정이 늘어나면서 군정과 경찰에 대한 주민의 불신과 불만은 더해졌다. 당은 지금까지 점조직으로 유지해왔던 당 조직이, 당원들이 체포되고 탈당자가 속출하면서 타격을 입게 되었다.[15] 또한 중앙당은 소위 2.7투쟁이 성과를 얻지 못하자 단선반대 투쟁에 정치적 사활을 걸고 있었다. 당은 이러한 상황을 이용해서 무장 반란을 일으킴으로 도민의 호응을 얻고 반란의 정당성도 확보하여 소기의 정치적 목적을 이룰 수 있다고 판단했다. 그래서 그동안 조직하여 훈련해온 당원을 인민 유격대로 개편하고 무장시켜 반란을 준비했다.

반란

1948년 4월 3일 새벽, 무장한 인민 유격대가 제주도 내 경찰관서 12곳을 공격하여 경찰관을 살해하고, 선거 관계자 및 우익 인사를 테러하면서 사건이 시작되었다. 이날 유격대의 작전으로 양 측의 인명피해는 지서 근무 중인 경찰관 사망 4명, 부상 6명, 행방불명 2명, 우익 인사와 그 가족 등 민간인 사망 8명, 부상 19명, 그리고 유격대원

사망 2명, 생포 1명이었다. 이날 무장한 인민 유격대는 우익 인사를 매우 잔인하게 살해했고, 지목했던 당사자가 없을 경우에 그 노모나 부인이나 어린 아이까지 대신 살해했다. 이것은 제주사회에서 처음 있는 끔찍한 사건이었다. 이러한 유격대의 잔인성은 공산주의 혁명 전사가 되기 위한 사상 교육의 결과였다. 누구도 선거 관리 업무나 우익단체에서 활동할 엄두를 내지 못하도록 하는 전술이었다.

이러한 테러는 계속되었다. 유격대원들은 선거관리사무실을 습격하여 선거인명부를 탈취하거나, 선거 담당 요원과 공공기관 기관장들을 테러했다.(『보고서』, pp. 206~210.) 그래서 우익 인사들은 밤이면 집에서 잠을 자지 못하고 피해 다녔다.

남로당은 투표 당일에 주민의 투표권을 노골적으로 박탈했다. 마을마다 조직적으로 투표를 방해했다. 그들이 장악하고 있는 마을에서는 선거 날 마을 행사를 구실로 주민들을 집단으로 마을 밖으로 내몰아 일체 투표에 참가하지 못하도록 감시하면서 회유했다. 주민들은 생명에 위협을 느껴 감히 투표할 수 없었다. 이렇게 당은 마을에 따라 막강한 힘으로 주민을 압박했다. 결국 북제주 갑과 을 2개 선거구는 투표자 미달로 선거가 무효화되었다. 이렇게 되자 남한 단독선거를 추진했던 미군정은 정치적 부담을 안게 되었다. 더구나 5.10선거에 의해 새로 출범할 정부로서도 상당히 충격적인 일이었다. 6월

23일에 재선거를 실시하려 했으나 시행하지 못했다. 당으로서는 그들이 내세웠던 단선 단정 반대 명분이 도민으로부터 지지를 얻게 된 것이다.

그렇다면 이러한 역사적인 변란이 왜 제주에서 일어났는가?

무장 반란의 목적은 반란의 주체인 당이 결정한 것이다. 이에 대해 많은 논의가 있으나 다음과 같은 몇 가지 근거에 의해 밝힐 수 있다. 첫째, 무장 반란세력의 문서가 확실히 알려주고 있다. 문서 자료는 2종이 있는데, 그 하나는『노획 문서』[16]로서『제주도인민유격대 투쟁보고서(濟州道人民遊擊隊鬪爭報告書)』이고 다른 하나는 당시 반란군이 제주도민에게 살포한 삐라이다.

투쟁보고서는 매우 구체적으로 기록되어 있다. 반란 주체의 입장에서 사실을 그대로 기록하고 있다. 당은 1948년 3월 15일 경, 북제주군 조천면 신촌리에서 당 상임위원회를 개최하고 무장 반란에 대한 문제를 장시간 논의한 후에 13:7로 가결했다.

> 기후(其後) 사태가 거익(去益) 악화됨을 간취(看取)한 도상위(島常委)는 3월 15일 도(道) 파견 "을구"를 중심으로 회합을 개최하여 첫째 조직의 수호와 방어의 수단으로, 둘째 단선(單選) 단정(單政) 반대 구국투쟁(救國鬪爭)의 방법으로 적당한 시간에 전도민(全島民)을 총

궐기(總蹶起)시키는 무장 반격전(反擊戰)을 기획 결정

이 문서는 4.3무장 반란의 목적을 분명하게 밝히고 있다. 여기에서 "구국투쟁"은 조선민주주의인민공화국 수립을 위한 투쟁이고, 이 반란을 계기로 전도민이 총궐기해 무장 반격전을 기획·결정하였다는 것이다. 즉 무장 반란으로 제주도 전역을 완전 장악할 것을 계획했다. 당 중진들은 신중론을 폈으나 김달삼을 비롯한 청년당원들이 무장반란을 주장하여 결국 13:7로 가결되었다고 한다.(『보고서』, pp. 158~159.) 당시 제주도 분위기와 국내 정세를 보아 당은 반란의 승리를 예측했던 것이다.

그런데 후세 사람들이 이러한 남로당의 주장을 확대 해석해서 논의자의 입장에 대입시키고 있다. 또한 이 사건에 대한 자신의 명분을 만들기 위하여 남로당원이었으나 반란 사건에 참여하지 않은 사람의 글을 그대로 수용하고 있다. 그 대표적인 예는 "무장대는 경찰과 우익청년단체의 탄압에 대한 저항, 단선 단정 반대와 조국의 통일 독립, 반미구국투쟁 봉기"라는 것[17]이다. 그런데 반란군의 공격 대상을 보더라도 그 목적은 5.10선거 반대에 치중되어 있음이 분명하다. 지서와 선거관리위원회 습격, 선거인명부 탈취, 우익 인사 중에서도 선거 관련자와 그 가족 등에 대한 테러가 유격대의 목표였다.

다음으로 유격대가 도민들에게 반란의 입장을 밝히고 적극 참여할 것을 권유하는 삐라에서도 그 반란 목적을 파악할 수 있다. 이 삐라는 2종인데, ①은 경찰관과 우익청년단체 공무원들에게 전하는 내용이고 ②는 도민들에게 전하는 내용이다.

> ① 우리는 인민과 함께 있으니 경찰과 공무원과 우익 단체원들은 외세에 의존하여 나라를 팔아먹는 매국 배족도들을 물리치는 데 함께 하자.
>
> ② 우리가 오늘 일어난 것은 매국 단선 단정을 반대하여 (1)조국의 통일독립과 완전한 민족해방을 위하여 (2)미제주구들의 학살 만행을 제거하기 위해서 (3)여러분의 뼈에 사무친 원한을 갚기 위해서 싸우고 있으니 함께 참여해 달라.[18]

이들의 주장은 민족 통일정부 수립으로 완전한 독립을 이룩하기 위해 싸우자는 것이고, 이 일을 하는 데 걸림돌이 되는 미군과 그 앞잡이는 제거하자는 것이다. 이 삐라에서 반란의 궁극적인 목적은 "조국통일과 완전독립"에 있다.(보고서, p. 168.) 이 내용은 투쟁보고서의 목적과 일치한다. 『노획 문서』에서 제시한 "적당한 시간에 전도민(全島民)을 총궐기(總蹶起)시키는 무장 반격전(反擊戰)을 기획 결정"하기 위해서라는 것은 결국 단선(單選) 단정(單政) 반대 구국투쟁(救國鬪爭)을 위한다는 것이다. 『노획 문서』나 삐라에서 제시하고 있는 "구국투쟁"은 조선민주주의인민공화국을 수립하는 것이다.

둘째로, 남로당 중앙위원회가 보낸 격려문과 이에 대한 당의 화답문에서도 반란의 목적이 분명하게 나타나 있다. 이 반란은 중앙당으로서는 정국 전환을 위해 의미 있는 투쟁이었다.[19]

> 제주 투쟁에 대한 격려문
>
> 친애하는 제주도 인민대중들이여! 조국해방의 전사들이여! 우리 남조선노동당 중앙위원회는 조국의 통일과 자유와 독립을 위하여 미제국주의와 침략자 그 주구들이 음모하는 단선단정을 쳐부수기 위하여 영웅적으로 항쟁하는 여러분에게 무한한 감사와 존경과 끓는 형제적인 인사를 드립니다. (중략) 당신들은 오늘 위대한 조국 해방의 역사를 창조하고 있습니다. 여러분의 심장에는 구국의 뜨거운 피가 끓고 있으며, 여러분의 팔뚝은 영웅적 항행의 공격정신에 뛰고 있습니다. (중략) 우리는 반드시 승리할 것이며, 또 승리하여야 합니다. 여러분, 승리를 확신하고 돌진합시다! 우리 남조선노동당 중앙위원회는 여러분과 함께 어떠한 희생을 무릅쓰고라도 용감하게 싸울 것입니다.

1. 위대한 구국항쟁에 돌진하는 제주도 인민에게 승리와 영광을 드리자!

2. 단선분쇄투쟁에 육단돌격을 감행한 인민영웅들의 뒤를 따르자!

3. 망국민족 침략으로부터 조국주권방어를 위한 구국인민항쟁만세!

4. 통일적 민주주의 조선 완전자주독립만세!

1948년 6월 남조선노동당 중앙위원회

黨 中央委員會 메시지에 答함

우리는 이 고귀한 메시지를 방방곡곡 모든 항쟁대열에 전하였으며 또한 이미 원수들의 총칼에 쓰러진 존귀한 동지들과 인민영웅들의 무덤에 이 영광의 꽃다발을 드렸습니다. (중략) 제주도 항쟁이 "조선인민의 모범적 항쟁이며" 우리 조선민족의 영예와 불굴의 애국심을 전 세계에 선양하였으며, 따라서 "조선인민은 제국주의적 폭압과 학살로도 멸할 수 없는 것을 천하에 公示"하는 역할을 놓았다고 평가하여 주신 것은 과분의 명예로 생각함과 동시에 존귀한 지하의 영웅들과 항쟁하는 전사들의 의사를 대표하여 뜨거운 감사를 드립니다.

우리들은 '조국해방 투쟁사상에 불멸의 금자탑'을 이루는 영예를 실지에 관철할 것을 지표로 하여 망국멸족의 단선분쇄의 가열한

초소를 죽음으로써 지킬 것이며, 통일독립을 우리의 손으로 전취 할 때까지 과감히 투쟁할 것을 확언하고 맹세합니다.

1. 남조선노동당 중앙위원회 만세!

2. 조선민주주의인민공화국 만세![20]

이 메시지에서 중앙당이 추구하는 투쟁 목적과 방법은 당의 반란 목적과 일치한다. 또한 중앙당이 38이남에 수립하려는 "통일적 민주주의 조선 완전 자주 독립국가"도 남로당제주도당이 추구하는 "통일독립국가"도 결국 "조선민주주의인민공화국"임이 분명하다. 그래서 중앙당은 제주 반란이 조선인민의 모범적 항쟁이기에, 육지 여러 지역에 일으킨 반란이 큰 성과를 얻지 못한 당시 실정에 비추어 매우 성공적이고 고무적인 사례로 평가하였다.

셋째는, 조선민주주의인민공화국을 수립하기 위한 대의원 선출 지하 선거에 제주도민 85%가 투표에 참가한 사실만 봐도 반란의 목적은 분명하다. 유엔 감시하에 자주 정부를 수립하기 위한 5.10선거를 온갖 회유와 협박과 조직적인 방해 공작으로 거부한 의도도 분명하다. 지하선거에서 도민들은 (당이 획책한 부정과 불법 선거였지만) 사정도 잘 모르고 소위 도장 찍기 투표를 했지만, 이렇게 도민을 동원하여 불법 선거를 치른 당의 의도는 반란의 목적을 달성하기 위한 과

정으로서 큰 의미를 갖는 것이 분명하다.[21]

그들은 5.10선거가 민족통일정부 수립을 가로막는 단독 선거라고 선전하여 투표를 거부하였는데 이 지하선거에 적극 참여함으로 그 통일정부가 조선민주주의인민공화국이었음이 분명해졌다. 이들은 그러한 정치적인 목적을 실현하기 위해 제주도민들을 포섭하여 세뇌 교육을 시켜 남로당의 동조자로 만들어 희생의 제물로 삼았다.

마지막으로 남로당 측이 원하는 통일정부가 조선민주주의인민공화국이며, 그 외에는 다른 대안이 없다는 것을 당시 정세를 통해 확인할 수 있다. 38이북에서는 소련의 의도대로 김일성이 주도하는 조선민주주의인민공화국 수립이 진행되고 있었다. 제주 반란의 주역은 그들의 폭력적 반란의 정당성을 확보하기 위해서 민족통일정부 수립을 내세웠던 것이다. 그러면 이러한 무장 반란은 중앙당의 지시에 의해서였는가. 당 자체의 결단이었던가?

반란의 결정과 유격대의 병력 규모

이 반란을 중앙당의 지시에 의해 결정했는지 여부가 4.3사건을 논의하는 중요한 논쟁거리가 되고 있다.[22] 4.3사건을 긍정적으로 인식하려는 입장에서는 당의 독자적인 결정에 의미를 둔다. 이 반란의 정치적 의도를 뒤로 미뤄두고 통일정부에 대한 도민의 열망과, 외세와 불의와 부정에 대한 저항이라는 측면에서 애국시민의 정당한 투쟁이었으므로 남로당 제주도위원회가 독자적으로 결정했다는 것이다. 그러나 반란의 궁극적인 목적은 조선민주주의인민공화국 수립에 있었기 때문에 이러한 논의는 별 의미가 없다.

더구나 반란 목적은 중앙당의 투쟁 노선과 일치하며 제주도에서 이러한 반란이 일어날 것을 중앙당에서도 기대했던 것이다. 중앙당은 2.7폭동을 준비하면서 "2월 중순부터 3월 5일 사이에 폭동을 일으켜 총선거와 군정을 반대하고 인민공화국을 수립하라."는 지령을 내렸다.[23] 그런데 중앙당은 2.7폭동이 별 성과 없이 끝나자 조직이 그대로 유지되고 있는 제주도위원회에 사람(이재복, 조경순)을 보내어 "폭동을 일으켜서 단선·단정을 강력히 반대하라."는 지령을 내렸는데, 이 지령은 위원장 안세훈이 경찰에 피검중이어서 조직부장 김달삼에게 전달되었다. 또한 당시 당원으로 주요한 역할을 맡았다가 전향한 자의 증언에 의하면, 반란이 충분히 승산이 있다고 판단했다는 것이다.[24] 또한 유격대원으로 참가했다가 일본으로 건너간 재일 한국인도, 반란이 일어나 6개월이면 제주도가 해방구가 될 것이고 본토 군대가 호응할 것이라고 생각했다고 한다.[25] 사태에 대한 이러한 긍정적 전망은 반란을 결정한 도 상임위에서 충분히 논의해서 얻은 결론일 것이다. 그리고 "전 도민을 총궐기시키는 무장 반격전을 기획·결정"했다는 점에서 이 반란이 조선민주주의인민공화국을 수립하기 위한 전초적인 투쟁으로 발전할 수 있다고 믿었던 것이다.

반란의 주체인 당의 입장에서는 이 사건이 조선민주주의인민공화국 건설을 위해 대한민국정부 수립을 거부한 반란임이 분명하다. 중앙당의 지시와 관계없이 남조선 혁명의 단초가 되는 사건이었다. 보고서는 이 반란이 중앙당의 지시 없이 남로당 제주도당 자체의 결정이라는 점을 강조하고 있다. 이것은 4.3사건에 '민족적 자주적 사회적 도민 저항 운동'이라는 의미를 부여하려고 의도했기 때문이다. 이것은 사건을 단순화해서 제주의 정치·사회 상황에 대한 도민의 정의로운 '저항적 운동' 으로 그 정당성을 부여하려는 것이다.

반란을 일으킨 인민유격대의 규모는 어떠한가? 이 문제에 대해서도 반란의 주체 측과 이를 진압하는 측의 입장이 다르다. 미군정 보고서는 약 500명 내외로 추산하였다. 이 중에 200명은 정식 무장대원이고, 나머지는 칼과 창으로 무장한 보조대원이라고 추측했다.(『보고서』, p. 175.) 그런데 『노획 문서』에서 유격대의 조직상황과 규모(세력)를 파악할 수 있다.

1차 조직은 유격대 100명, 이를 돕는 자위대 200명, 특수 목적을 수행하는 특경대 20명 등 합계 320명으로 되어 있다. 이들의 무기는 99식소총 27정, 권총 3정, 수류탄(다이너마이트) 25발, 연막탄 7발, 나머지는 죽창이 전부였다. 이후에 5차에 걸쳐서 조직을 정비하였다. 5차 조직 정비는 6월 18일에 착수하여 7월 15일에 완료했는데, 병력은 각급 지도부 35명, 통신대 34명, 유격대 120명, 특무대 312명으로 모두 501명이었다. 특무대원이 15배 정도로 증가했고 병기도 많아졌다. M1 소총 6정, 칼빈소총 19정, 99식소총(일본식) 117정, 44식 소총(일본식) 4정, 30년식 소총(일본식) 2정 등 모두 147정으로 1차 때에 권총을 합하여 30정에 불과했던 것에 비교하면 5배 정도 많이 확보했다. 소총탄환으로는 M1탄환이 1,396발, 칼빈 1,912발, 99식 3,711발, 44식(30식) 721발 등 모두 7,740발이었고 그 외에도 경기관총 1정, 척탄통 2문, 수류탄 43발, 다이너마이트 69발, 신호탄 2개, 군도(軍刀) 16정, 권총(6연발) 1정, 권총(8연발) 6정, 권총(10연발) 1정 등이 있었다. 이러한 무기 소지 상황을 보면, 1차 때보다는 병력이 증가하였고 무기도 많이 보유하였다.

인민유격대의 조직이 튼튼해지고 무기와 탄환을 많이 확보한 것은 반란을 일으킨 후에 진압군의 진압에도 불구하고 장기전에 대비해서 조직을 계속 정비하면서 전력을 강화했기 때문이다. 더구나 조직에서 통신대와 특무대 인원이 증원된 것은 작전의 변화를 의미한다. 특무대의 임무는 정보 수집, 개인 테러, 작전 활동에 필요한 보급 원조 등이다. 특무대는 각 면에 특무대장 1명과 연락원 수명을 두며 그 외 3인이 1분대, 10명으로 1소대를 편성하고 부락마다 1~2인 정도로 조직하였고, 대원은 세포로부터 제외한다고 했다. 이 특무대는 각 면과 각 부락에 주둔하되, 지대 지도부 통신대와 각 유격대 소대는 지대 지도부 중심으로 밀집 생활한다고 규정하고 있다.(『노획문서』, pp. 28~29.) 이렇듯이 유격대의 활동에 있어서 정보 수집, 개인 테러, 보급품 조달이 중요 임무이며 이를 원활하게 할 수 있도록 조직을 정비한 것이다.

또한 병기 확보량이 증가한 것은 국방경비대의 지원을 받았기 때문이다. 『노획문서』에 따르면 군부대로부터 지원을 받은 내용이 기록되어 있다. 그 내용은 군부대를 탈주하여 유격대에 합류한 병력이 48명(이 중에 피검자와 도주자와 피살자는 제외), 무기 99식이 56정, 칼빈이 3정, M1이 8정, 모두 67정이고 탄환도 지원받았다.(『노획문서』, pp. 80~83.)

유격대의 병력과 무기 보유 상황은 진압군에 비해서는 열악하였지만, 그들의 조직망이 마을까지 확장되고 있어서 철저히 진압군에 대한 사전 정보를 파악해서 기습 선제 공격하기 때문에 진압군에 대항할 수 있었다. 이들은 중산간 부락 주민과 각 지역, 각 마을, 각 직장에 주둔해 있거나 침투해 있어서 전술적인 정보를 확보할 수 있었다. 특히 유격대원 중 정보원 레포 연락원 지대원(支隊員)들과 사령부 간부들까지도 진압군에 피검되었다가 석방된 경우가 자주 있었다. (『노획문서』, pp.86~87.) 이것은 특무대원들이 신분이 드러나지 않도록 활동했기 때문이다. 이들은 민간인으로 생활하면서 무장 유격대의 작전을 도왔다. 이렇게 유격대는 전도적으로 그 조직망을 확보하여 활동하였기 때문에 진압군 병력과 맞설 수 있었다.

진압군의 전과 보고에서 유격대원의 수가 많은 것은 일반 주민으로 입산한 자들까지 포함되었기 때문이다. 그들은 대부분 유격대원이 아니라 목숨을 부지하기 위해서 입산한 '산사람'들이다. 그런데 그들도 상황에 따라 작전에 투입되어 보급품을 운반하기도 했다. 그들이 진압군에 생포되면 유격대원으로 분류되었다.

인민유격대와 국방경비대 9연대

당이 반란을 일으키는 과정에서 국방경비대 9연대와 어떤 관계를 유지하고 있었는가? 이 문제는 4.3사건을 이해하는 중요한 단서가 된다. 이것은 당 지도부와 그들이 침투시킨 세포와의 관계이기 때문에 공식적인 문서나 자료에 의해 파악할 수 없다. 그런데『노획문서』에 그 관계를 파악할 수 있는 단서가 있다.

> 거사 대상과 책임 분담
>
> 반동의 아성인 제주읍 성내 특히 감찰청(경찰청)과 제1구서(현제주경찰서) 국경이 담당분쇄하고,
>
> (1) 도내 14개 경찰지서는 유격대 및 자위대 400명을 배치 습격하기로 결정하였다.
>
> (2) 한국 국경 프락치에게 무장 반격에 동원 가능한 병력 수를 사전에 문의한 결과 800명 중 400명 확실성이 있고 200명은 마음대로 할 수 있으며, 반동은 주로 장교 급으로서 하사관까지 합쳐도 18명이므로 이들만 숙청하면 문제없으니, 병력 동원에 필요한 차량 5대만 보내달라는 요청과 함께 만약 배차가 안 될 때에는 도보로라도 습격에 가담하겠다는 연락이 있었으므로
>
> (3) 즉시 국경 공작원인 도상위청책(島常委青責)을 파견 감찰청(監察廳) 및 제1구서(第一區署) 습격 지령과 함께 차량 5대를 보내는 외에, 거점 분쇄 연락병으로 학생특무원(學生特務員) 20명을 성내(제주읍)에 침투시켰다.(『노획문서』, pp. 12~13.)

이 기록은 반란 당일 작전 계획이다. 이후에 이어지는 '4.3 당일 상황'에 의하면 "감찰청 및 제1구서 등 거점 분쇄는 국경이 투쟁 불참으로 실패했다."고 한다. 실패는 했으나 애초부터 이 반란을 계획할 때에 경비대 9연대가 중요한 역할을 하기로 되어 있었다. 계획은 제주도의 경찰력을 완전히 장악하는 수준이었다. 계획대로 실행되었다면 반란 세력은 경비대 9연대와 경찰력을 모두 장악했고, 제주에는 유격대와 반란군에 동조하는 군 병력이 합세하여 미군 병력과 대치하는 상황이 벌어지게 되었다. 당은 계획을 수립하면서 반란의 성공을 충분히 예상하였다. 이렇다면 9연대는 당의 반란의 동인을 제공한 것이다. 즉 9연대가 제주도에 주둔해 있었기에 반란을 도모할 수 있었던 것이다. 『노획 문서』에는 독립된 장(章)으로 국경(國警)과의 관계를 다음과 같이 기술했다.

> 그런데 이외에도 4.3 당일에 국경이 동원되지 않음으로 이것을 이상한 일로 생각하고 있던 바 4월 5일에 상도(上島)한 도(島) 파견 국경공작원(島常委靑責 동무)의 보고에 의하면 다음과 같이 진상이 판명되었음.(『노획문서』, p.76.)

그 내용은 이렇다. 파견원이 지시를 갖고 9연대로 가서 군 프락치를 만났는데, 프락치 중 2명이 영창에 수감되어 있어서 문상길 소위를 만났다. 경비대에는 2중의 세포 조직이 있었다. 중앙에서 파견한 세포 문상길 소위와 제주도 출신으로 남로당 제주도당이 파견한 세포 고승옥 하사관이다. 문 소위는 "아직 중앙의 지시가 없어서 거사 지시를 이행할 수 없다."고 반란 당시에 경비대가 참여하지 못한 내력을 기술하고 있다. 이후에 계속해서 두 세포 조직에 대한 논의가 있었음을 다음에서 확인할 수 있다.

> 그 후 5월 7일에 내도한 중앙 올구는 국경 프락치에 대한 지도는 도당에서 할 수 있다고 언명하였기에 국경과 도당과의 관계는 복잡화하여지고 투쟁의 결정적인 약점을 가져오게 되었음. 그 후로부터 국경으로부터 아무런 공격도 없어 우리의 활동에는 크나큰 이익을 가져왔다.
>
> 5.10 제주읍에서 도당 대표로서 군책(軍責) 조책(組責) 2명과 국경 측에서 오일균 대대장 및 부관 9연대 정보관 이 소위 등 3명과 계 5명이 회담하여
>
> (1) 국경 프락치에 대한 지도 문제
>
> (2) 제주도 투쟁에 있어서 국경이 취할 바 태도
>
> (3) 정보 교환과 무기 공급 등 문제를 중심으로 토의한 결과 다음

의 결론에 의견이 일치를 보게 되었음.

(『노획문서』, p.79.)

이 회담에서 의견의 일치를 본 내용은 다음과 같다.

중앙당과 도당에서 파견한 프락치를 지도하는 문제에 대해서는 결론을 얻지 못하지만 서로가 최대한 협조한다는 데 의견을 모았다. 그리고 제주 반란군 진압 문제에 대해서 중요한 정보를 제공한다. 미군정과 통위부에서는 전면적 포위 토벌작전을 지시하고 있는데, 이렇게 된다면 제주 투쟁은 실패할 가능성이 많으므로 되도록 국경에서는 사보타주 전술로 이 작전에 대해서 중앙에 건의하기로 한다. 그리고 유격대 토벌에 적극적인 반동 거두 박진경 연대장 이하 반동 장교들을 숙청해야 한다. 앞으로 최대한 힘을 모아 상호간의 정보 교환과 무기 공급, 가능하면 탈출병을 적극 추진시키기도 한다.(『노획문서』, pp.79~80. 내용 요약)

당이 국방경비대 담당 책임자와 연대 대대장과 부관, 정보담당 장교와 만나, '9연대가 인민유격대를 돕기 위한 문제'를 의논하고 위와 같은 결론을 내렸다. 오일균 소령과 그 부관 그리고 연대 정보담당 장교라면 실질적으로 9연대 지휘부의 중심인물들인데 이들이 반란군 인민유격대와 내통하면서 연대장 숙청 문제까지 의논하였다. 더구나 앞으로 무기와 탄환을 공급할 것은 물론 병사들이 부대를 탈주하여 인민 유격대에 합류하도록 하는 일까지 돕겠다고 했다. 이것이 당시 9연대와 당의 관계이다. 이 회담 이전에도 9연대 프락치는 중앙당 을구가 수시로 만나 정보를 교환했다는 것이다.

> 4월 중순에 이르러 돌연히 부산 제5연대 1대대가 내도하여 산부대를 포위 공격하게 되었으므로 시급히 대책을 세워야 된다는 긴급 연락이 있어 군책(軍責)이 직접 파견되어 문제를 수습하기로 되었음. 군책과 문 소위가 만난 결과 국경의 세포는 중앙 직속이므로 도당의 지시에 복종할 수는 없으나 행동의 통일을 위하여 밀접한 정보 교환, 최대한의 무기 공급, 인민군 원조 부대로서의 탈출병 추진, 교양 자료의 배포 등의 문제에 의견의 일치를 보았고, 더욱이 최후의 단계에는 총궐기하여 인민과 더불어 싸우겠다고 약속했음. 또 9연대장 김익렬(金益烈)이가 사건을 평화적으로 수습하기 위하여 인민군 대표와 회담하여야 하겠다고 사방으로 노력 중이니, 이것을 교묘히 이용한다면 국경의 산 토벌을 억제할 수 있다는 결론을 얻어 4월 하순에 이르기까지 전부 2회에 걸쳐 군책과 김 연대장과 면담하여 의견의 일치를 보아 김 연대장은 사건의 평화적 해결을 위하여 노력하겠다고 약속하였음(1차 회담에는 대대장 오일균 씨도 참가, 열성적으로 사건 수습에 노력했음).

(『노획문서』, pp. 77~78.)

이 문서는 국방경비대 9연대가 반란군 유격대 군책과 수시로 회합하여 반란군 토벌에 대한 정보를 교환하여 그 대책을 강구했음을 밝혀주고 있다. 4.3사건의 해결에 분수령이 되었다는 소위 "김달삼과 김익렬 회담"도 사실은 9연대 프락치에 의해서 조종되었음을 이 자료가 증언하고 있다. 이러한 상황에서 김달삼과 김익렬 연대장이 평화 협상을 하게 된 것이다.

4.3사건이 일어나자 처음 미군정은 이 사태를 치안상황으로 인식해서 경찰력과 반공 청년단으로 진압하려 했다. 응원경찰 병력을 입도시켰고, 서북청년단원도 증원했다. 미군정으로서는 5.10선거를 무사히 치르는 것이 중요한 과제였다. 그러나 무장 유격대는 선거를 방해하기 위해 습격과 테러를 계속했다. 이렇게 사태가 점점 수습하기 어려운 상황이 되자 미군정은 경비대에게 반란군 진압에 참여해 줄 것을 요청했다.

김익렬 9연대장은 미군정의 요구를 거절할 수 없어서 경찰과 합동으로 진압 작전에 참여하게 된다. 이렇게 되자 반란군이 불리할 수밖에 없었다. 이러한 반란군의 처지를 생각한 9연대 측에서는 항복하면 관대한 처분을 내린다고 홍보하면서 평화협상을 제안했던 것이다. 반란군 측에서도 회담에 응할 뜻을 전해왔다. 그래서 양 측은 1948년 4월 28일, 대정면 소재 구억초등학교에서 협상을 시작했다. 각자는 서로가 선권을 위임받아 이 협상에 응하였음을 확인하고 서로를 믿고 회담에 들어갔다. 4시간에 걸친 협상 끝에 다음과 같은 내용에 합의했다.

(1) 72시간 내에 전투를 완전히 중지하되 산발적인 충돌은 연락미달로 간주하고 5일 이후의 전투는 배신행위로 본다.

(2) 무장해제는 점차적으로 하되 약속을 위반하면 즉각 전투를 재개한다.

(3) 무장 해제와 하산이 원만하게 이루어지면 주모자들의 신병을 보장한다.

또한 합의된 귀순 절차는 회담 다음 날에 모슬포 연대본부와 제주읍 비행장에 각각 귀순자 수용소를 설치하고, 점차적으로 서귀포 성산포 등지에도 귀순자 수용소를 설치하여 경찰의 개입 없이 군이 관리한다.

회담 후에 김 연대장은 이 합의 사항을 미군정 당국에 보고했다. 미군정 측은 회담 성과를 긍정적으로 평가하고 경찰에 진압 활동을 중지하도록 명령을 내렸다.(『보고서』, pp. 197~198.)

그런데 이 협상은 소위 '오라리 방화사건'으로 파기된다. 협상 3일 만인 5월 1일에 제주읍 부근 오라리 연미부락에서 방화사건이 일어났다. 전날(4월 30일) 대한청년단원 부인 2명이 반란군에 납치되었다. 그중에 한 사람은 반란군에 의해 죽임을 당했고, 한 사람은 탈출에 성공한다. 청년단원들이 모여 피살당한 동료의 부인을 장사지내고 돌아오다가 그 마을에서 좌익 활동을 하고 있는 청년 집에 방화를 하였다. 소식을 들은 유격대원 20여 명이 출동하여 방화한 우익 청년을 추격하였는데, 그 과정에서 이 마을 출신 경찰관 어머니가 유격대원에게 피살당한다. 경찰이 이 소식을 듣고 출동하였으나 이미 유격대원들은 퇴각한 후였다. 경찰의 출동 소식에 놀란 마을 사람들이 산으로 도피했고 경찰은 마을 가옥들을 방화했다. 이 사태로 협상이 파기되고 말았다.(『보고서』, p. 199.) 『보고서』는 경찰에서 의도적으로 협상을 파기하여 강경진압 정책을 쓰기 위해 방화사건을 일으켰고, 이 사건에 미군정이 일정 부분 작용했다고 했다.[26]

그러나 『노획문서』에 의하면 반란군과 9연대장의 평화회담 자체가 군에 침투한 프락치의 공작이 많이 작용했으며 이 협상의 의도는 9연대가 진압작전에 참여하지 않도록 하거나 참여하더라도 그 시기를 늦추려는 데서 시작되었음도 밝혀주고 있다. 김익렬 연대장이 프락치의 건의를 받아들였는지는 알 수 없으나 회담에 임하면서 연대 참모급인 오일균 대대장, 문상길 중위 그리고 정보 참모 등의 의견을 들었을 것임에 틀림없다. 따라서 이 회담은 결국 당과 9연대 프락치들의 공동 작품인 것이다. 그래서 9연대 프락치와 당의 뜻대로 회담이 성공했던 것이다. 경찰과 미군정이 의도적으로 회담을 파기했다는 것은 사실이 아니다. 그리고 김익렬 연대장 후임으로 부임한 박진경 연대장의 제거 공작도 당의 군책과 9연대 프락치 간에 의논한 대로 실현되었다.

김익렬 연대장이 박진경으로 교체되었다. 후임 박진경 연대장은 전임자와는 달리 적극적으로 반란군 진압에 임하였다. 그런데 그가 부임한 후 5월 20일에 경비대원 41명이 탈영해 무장대 측에 가담하는 사건이 벌어졌다. 이들 대부분은 제주도 출신이었다. 이 군 탈영 사건도 당의 군책과 9연대 프락치 사이에 합의된 내용이 그대로 실현된 것이다. 사건 이후로 제주출신 장병들은 진압 작전에서 소외되었다고 한다.(『보고서』, p. 218.) 박 연대장은 해안지대 진압을 경찰에 맡기고 산간 고지대를 수색하는 작전을 펼쳤다. 이러한 작전으로 중산간 부락 주민들은 산으로 도피하였는데, 이들이 결국 '산사람'이 된다. 경비대는 한라산 기슭을 샅샅이 수색하여 많은 전과를 올렸다. 그들 중에는 무장 유격대원이 아닌 입산한 일반 주민들도 많았다.

반란군을 강경 진압하던 박진경 연대장은 6월 18일 남로당 프락치인 부하 대원에 의해 살해당한다.[27] 범인은 모두 체포되어 군사 재판을 받았는데 그들 중 일부는 재판정에서 박진경 연대장의 진압작전으로 '폭도들을 양산하게 되었다.'고 비난하면서 자신의 행동이 정당함을 주장했다.[28] 이런 상황에서 반란군 진압 작전은 더욱 강경해졌다. 육지에서 응원경찰이 계속 증파되었다. 그들이 반란군을 색출 체포·조사하는 과정에서 반 인권적인 사태가 벌어졌고 유격대원과 그 동조자들을 정당한 법 절차를 거치지 않고 처형하는 사례도 자주 일어났다. 응원경찰 중에는 경찰관으로 특채된 서북청년단원들이 있어서 부작용이 있었다.(『보고서』, p.304.)

반란군의 선거 방해와 선거 무효

유격대는 5.10선거 방해 공작과 테러를 계속했다. 지서를 습격하여 경찰관을 살해하고, 선거관련 업무 담당자나 우익 인사와 그 가족을 테러하고, 선거사무실을 습격하여 선거 관련 서류를 탈취하는 등 선거를 방해하는 사건이 계속되었다.

5월 10일 선거 당일에는 남로당원들이 주동이 되어 주민들이 투표에 참가하지 못하도록 했다. 그러한 방해 공작으로 북제주군 갑, 을 2개 선거구는 투표자 미달로 선거 무효가 되었다.

『노획문서』에는 4.3사건이 일어난 이후 7월 말일까지 유격대의 전과, 경찰과 민간인의 피해 상황이 날짜, 지역, 전과 유형별로 자세히 기록되어 있다. 그 내용을 집계하면 다음과 같다.

(1) 경찰에 대한 전과 사항

지서 습격 31회, 지서 건물 파괴 3동(棟), 지서 소각 6동, 경찰관 살해 74명, 부상 35명, 경찰관 가족 살해 7명, 투항 경찰관 4명 등.

(2) 관공서 습격 및 우익 인사 숙청 상황

관공서 습격 2회, 관공서 소각과 파괴 각각 1개소, 반동 살해 223명, 부상 28명, 반동 가족 살해 12명, 반동 가옥 소각 120채, 파괴 7채, 경찰관 가옥 소각 2채 , 반동 포로 20명, 그 가족 포로 2명 등.

(3) 공공 재산 파괴 및 기타 무기 노획 상황

전선 절단(전봇대 절단) 940개, 도로 파괴 170곳, 교량 파괴 3곳, 기타 무기 노획.

(『노획문서』, pp. 73~74.)

이처럼 반란군은 쉬지 않고 5.10선거 방해 책동을 벌였고 선거가 끝난 후에도 계속했다. 8월에는 조선민주주의인민공화국 대의원 선출을 위한 지하선거가 38 이남에서 실시되었는데, 제주에서는 소위

"손도장 찍기" 선거로 주민의 85%가 참가했다. 5.10선거를 거부한 도민이 이 선거에는 적극적으로 참가한 것은 당이 조직적으로 주민을 협박 선동하여 강제로 투표하였기 때문이다. 주민들은 아무것도 모르고 강요하는 대로 했다. 이렇게 당은 제주 주민들에게 조선민주주의인민공화국 건국을 위한 대의원(국회의원) 선거에 투표하도록 하였다. 이처럼 남로당이 내걸었던 단선 단정 반대의 명분도 조선민주주의인민공화국 수립을 위한 것이었다.

9월에 접어들면서 정부는 4.3반란을 국가 보위의 차원에서 국군이 중심이 되어 경찰 병력의 도움을 받아 진압하도록 방침을 세웠다. 10월 11일 제주도경비사령부를 설치하고 본토 군 병력을 제주에 증파시키면서 강경 진압을 펼치게 된다. 그런데 이때 제주에 증파하려던 여수의 14연대가 내부 공산 프락치들의 사주로 반란을 일으키게 된다.

제주도경비사령부 설치와 중산간(中山間) 부락

4.3반란은 수습되지 않고 지속되면서 제주의 중산간 부락은 경찰력이 미치지 못하는 치안의 부재 지역이 되었다. 공산당은 중산간 마

을들을 전략지역으로 이용했다. 이들 마을은 식량 보급지이면서 활동의 주요 지역이 되었다. 유격대가 본부로 이용할 수 있는 한라산 기슭의 특별 지대는 이 중산간 부락과 인접해 있다. 이 부락에는 반란 세력들과 관계를 맺고 있는 친족들이 있었다.

정부는 사태가 조속히 수습될 수 없다고 판단하고는 새로운 진압 전략을 강구한다. 그런데 연대장이 부하에게 사살당하는 일이 발생하기도 했고, 출동 명령을 받은 부대가 공산 세포에 의해 출동을 거부하는 일도 벌어졌다. 지휘하는 부대를 이끌고 월북하는 자도 있었다. 38선 이남 태백산 지리산 등 깊은 산악지대에는 공산 빨치산이 치안을 어지럽히고 주민들을 장악하고 있었다. 그래서 제주에는 반란군 진압에 적극성을 갖고 있는 지휘관을 배치했다.

정부는 1948년 10월 11일 자로 제주도경비사령부를 설치하고 중산간 부락을 작전 지역으로 설정한다. 해안으로부터 5킬로미터 너머 지역 및 산악 지역에서 민간인 무허가 출입을 금했고, 이를 위반하는 경우는 모두 '폭도배'로 인정한다는 것이다. 그런데 이 제한 지역에는 중산간 부락이 해당되었다. 이 작전을 "초토작전"이라고 하는데, 진압군의 반 인권적 토벌 행위가 이루어지는 계기가 되었다. 이어 정부는 1948년 11월 17일을 기해 제주도 전역에 계엄령을 선포하였다.[29]

정부 측에서는 이 작전을 수행하기 위해 우선 중산간 부락 주민을 해안부락으로 이주시키고, 그다음에 부락의 주거 공간을 불태워 반란군이 생활할 수 없도록 조치를 취했다. 이러한 기본 전략은 지역 치안 책임자나 진압 부대 책임자에 따라 다르게 실시되었다. 이 작전은 (1) 부락민을 모두 이주시킨 다음에 마을 가옥을 전소시키는 경우가 있었고, (2) 주민을 해안부락으로 소개시키지도 않고 진압군이 마을에 진입해서 가옥을 전소시키면서, 주민들을 체포 사살하는 경우도 있었다. 이런 상황에서 주민들은 목숨을 부지하기 위해서 입산하게 되었다.

중산간 부락 주민들은 자발적으로 해안부락으로 피신하기도 어려웠다. 밤이면 중산간 부락은 유격대의 해방구가 되어서 주민이 해안부락으로 소개하는 것을 엄격하게 막았다. 더구나 유격대 측에서는 "조금만 기다리면 새로운 세상이 온다."고 회유하고 공작했다.

진압군을 피해서 입산자가 된 그들은 토벌대에게 체포되거나 또는 자진 귀순하여 일정한 심사를 받고 석방되기도 했고, 재판 절차를 거쳐 실형을 받거나 재판 절차를 거치지 않고 처형되기도 했다. 이런 과정에서 일부 과격분자나 서북청년단원들에 의해서 탈법 행위가 진행되기도 했다. 진압군 지휘관이나 대원들은 제주 실정에 낯설었기 때문에 문화 충돌도 일어났고, 제주사람들에 대해 편견을 갖고 있던 그들은 귀순자나 유격대원을 처리하는 과정에서 불법적이고 반 인권적인 일들을 저질렀다.

한 겨울로 접어들면서 입산자들은 생활이 어렵게 되자 귀순하는 형식으로 하산하기 시작했다. 진압군 측에서 귀순을 적극 종용했다. 귀순자들은 막대기에 흰 헝겊을 매달아 귀순의사를 밝히고 가까운 진압군 부대나 지서가 있는 마을로 내려갔다. 이들은 심사를 받고 석방되었다. 그러나 그 석방 기준도 지역 경찰관서의 책임자나 실무자, 진압부대 지휘관의 성향에 따라 차이가 났다. 그래서 어느 곳으로 귀순하느냐는 것도 입산자들에게는 생사가 걸린 문제였다.

그런데 유격대에서 활동했거나 동조했던 무리들은 선뜻 귀순할 수 없었다. 결국 이들도 진압군에게 체포되어 제주읍의 공공건물에 집단 수용되었고, 정황에 따라 재판을 받거나 또는 그런 법적 절차도 거치지 않고 집단으로 사살되기도 했다. 군사재판을 받고 형이 확정된 사람들은 육지 여러 지역 형무소에 수감되어 수형생활을 했다. 그러다가 6.25전쟁이 발발하자 서울 인천 지역 형무소 수감자들은 북한군이 진주하여 형무소를 개방하자 북한군에 입대했거나 월북을 했거나 일부는 고향으로 돌아왔다가 예비검속으로 처형당하기도 했다. 그리고 후방 지역 형무소에 수감되었던 사람들은 전쟁 상황에서 정부의 위기관리 차원으로 처형되기도 했다. 그런 와중에 형기를 마치고 살아 돌아온 사람들도 있다.

중산간 부락 진압작전에는 지역 민보단원들이 참가하기도 했다. 이들은 직접 토벌작전에 참여하기도 했지만, 해안부락에 정착한 중산간 부락 주민들이 고향에 비축해 둔 식량과 일용품들을 가져오는 일을 도왔다. 이것은 중산간 부락 주민들의 식량과 일용품을 공급하기 위해, 또는 입산자들의 식량 보급을 차단하기 위해 필요한 일이었다.

중산간 부락의 진압작전으로 심하게 피해를 입은 경우에 무장 유격대가 그 관할 부락에 대해 보복적인 습격을 자행하기도 했다. 그 예가 남원면 관내의 상황이다. 남원면 중산간 부락은 유격대의 세력이 강한 마을도 아니었는데 진압군에게 물적 인적 피해를 많이 당했다. 그런데 11월 30일에 남원과 위미리가 유격대로부터 대규모 습격을 당했다. 경찰은 대응을 포기하고 고립된 상태가 되었다. 지서 주변 10여 가구를 제외하고는 모든 가옥이 유격대에 의해 전소되었다. 진압군 증원부대가 유격대의 방화와 식량 탈취가 거의 끝날 무렵에야 도착했기 때문에 마을과 주민의 피해가 컸다. 위미리도 대규모 습격을 당해 많은 피해를 입었다. 유격대는 식량과 생필품을 탈취해 갔을 뿐 아니라 주민들까지 살해했다. 이날 남원리에서는 유격대에 의해 40여 명이 살해당했다. 4.3사건 기간 동안에 해안마을이 유격대의 습격으로 큰 피해를 당한 사건이었다.

12월 말 진압 군부대가 9연대에서 2연대로 교체되었다. 신임 함병선 2연대장도 강경진압작전을 유지하면서 입산자의 귀순 작전을 적극적으로 펼쳤다. 그런데 무장 유격대 측은 새로운 부대가 본격적으로 작전을 수행하지 못하도록 초기에 기선을 제압하기 위한 선제공격을 감행했다. 1월 1일에 제주읍의 한 마을에 주둔해 있는 3대대를 기습 공격하였다. 이 전투에서 진압군 장병 10명이 희생되었다. 군이 진압작전에 참여한 후에 처음 있는 큰 사건이었다. 이어 1월 12일 새벽에 유격대는 남원면 의귀리 초등학교에 주둔해 있는 중대본부를 총공격했다. 무장 유격대가 약 200명이 동원되었다고 한다. '의귀리 전투'라고 할 만큼 진압군과 유격대 사이에서 벌어진 큰 접전이었다. 당시 한라산 유격대 주력 병력이 모두 참가했다고 한다.(『보고서』, p. 313.) 2시간 접전 끝에 유격대원 51명이 사살되었고, 진압군도 4명이 전사했다. 이 사건을 고비로 무장 유격대의 전력은 급격하게 약화되었다.(『보고서』, p. 313.) 또한 유격대가 퇴각한 후에 그곳에 수용되고 있던 많은 귀순자들이 모두 처형되었다. 이들은 그 전날 오후 늦게 석방이 결정되었는데도 해안 마을로 내려가지 않고 하루 밤 지나서 내려가려던 입산자들이었다.

조천면 북촌리에서 주민 집단 사살 사건이 발생했다. 아침에 세화리에 주둔해 있는 3대대 중대 병력 일부가 대대본부가 있는 조천면 함덕리로 가던 도중 북촌 마을 어구 고갯길에 잠복해 있던 무장 유격대의 기습을 받고 2명이 전사했다. 흥분한 진압군이 이웃에 있는 북촌 마을에 들어가 주민들을 모아 놓고 경찰관과 우익인사 가족들을 제외하고 총살을 집행하기 시작했다. 대대 본부에서 사실을 늦게 알고 중지 명령을 내려 일부가 살아남기는 했으나 진압군이 주민을 불법으로 집단 사살한 대표적인 사건이 되었다. 의귀리 집단 처형이 체포된 입산자들이었다면 북촌의 경우는 마을 주민이라는 점이 다르다. 이 두 사건은 4.3사건 진압 과정에서 진압군이 주민이나 입산자들을 집단으로 처형한 대표적인 두 유형이다.

이 기간에도 유격대는 여전히 해안 마을을 습격하여 우익인사와 그 가족을 테러하였고 경찰관서를 공격했고 일반 주택에서 보급품을 탈취하기도 했다. 생존을 유지하기 위한 최후의 수단이었다. 또한 교통을 방해하기 위해 열악한 교량을 파괴했고, 특히 유선 통신 시설인 전신주를 절단했다. 북촌 사건의 빌미가 된 사건처럼 일주도로변 기습에 적절한 곳에 은신했다가 진압군을 급습하는 등 일종의 게릴라 전술을 펼쳤다. 무장 반란군의 전력은 약화되었으나 이들은 살아남기 위해 최후로 다양한 방법으로 도발해서 진압군을 위협했다. 그래서 해안 부락도 안전지대가 될 수 없었다.

1949년부터 유격대의 공격에 대비하여 해안 부락에도 돌성을 쌓아 주민들은 그 안에 거주하도록 했다. 성 밖에 살고 있었던 주민들은 가옥을 폐쇄하고 성안으로 들어와 살아야 했다. 축성(築城)이 완성되자 교육을 받은 주민들이 밤낮으로 성을 지켰다. 낮에도 성 밖으로 나갈 때에는 허가를 받아야 했다. 자연히 주민들의 생업을 위한 생산 활동이 위축되었다. 통행금지 시간이 연장되어서 밤이면 성 밖 출입은 물론 성안 출입도 자유롭지 못했다. 이러한 조치는 무장 유격대의 공격이 다양해져서 되도록 그들과 주민과의 관계를 차단시키기 위한 조치였다.

1949년 3월 제주도지구전투사령부가 설치되었고 반란군과 입산자에 대해서 진압과 선무 병용작전을 펼쳤다. 신임 유재흥 사령관이 한라산에 피신해 있던 사람들은 귀순하면 모두 사면하겠다는 정책을 발표하자 입산자들이 많이 하산했다. 1949년 5월 10일, 투표자 미달로 선거무효가 되었던 북제주 갑, 을 두 선거구에서 재선거가 실시되었다. 그해 6월 무장 유격대의 총책인 이덕구가 진압군과의 교전 중에 사살되면서 유격대의 전의가 크게 상실되었다.

그러다 1950년 6.25전쟁이 일어났다. 제주도 상황도 새로운 국면을 맞게 되었다. 한라산에 잔존해 있던 유격대원들은 전쟁 소식을 듣고 고무되어 해안 마을과 공공 시설과 경찰관서를 습격하여 민간인을 살해하고 식량과 보급품을 탈취하고 사람들을 납치하였다. 그들은 곧 38이남이 공산화될 것을 믿고 공세를 취했다. 그동안 진압군에 의해 사살되거나 체포 또는 귀순한 자가 많았는데도 유격대의 세력은 감소하지 않았다. 또한 전쟁 상황이 위급해지자 전향자 단체인 보도연맹 가입자, 요시찰자 및 당의 주요 인사의 가족들이 예비검속을 받고 경찰에 수감되었다가 불법으로 처형되었다. 또 전국 각지 형무소에 수감되었던 4.3 관련 수형자들도 형무소의 형편에 따라 즉결처분을 받았다.

국군이 전선에 투입됨에 따라 한라산 유격대의 진압은 전적으로 경찰이 맡게 되었다. 제주도 경찰당국은 치안을 안정시키기 위해서 경찰국 직속으로 의용경찰대를 조직하여 진압 작전에 투입하였고, 각 경찰서 산하에 향토방위대를 편성하여 진압작전에 동원하였다. 이들 두 단체가 해산되자 이번에는 특공대를 조직하여 경찰의 진압작전을 도왔다.

경찰은 한라산 잔비들과 주민들의 관계를 차단하고 그들은 완전 고립시켜 진압하기 위하여 한라산 기슭 요소요소에 경찰관 주둔소를 설치했다. 이 주둔소는 6.25 직전부터 시작해서 1952년에는 전도에 32개소가 설치되었다. 여기에는 소수의 상주 병력이 주둔해 있고, 잔비 소탕 작전을 수행하던 경찰 진압군이 일정 기간 숙식을 하면서 다음 작전을 준비했다.

100 전투사령부 설치

1952년에 이진경 경찰국장이 부임하여 적극적으로 잔비를 소탕하기 위한 '100전투사령부'를 설치했다. 이 사령부 산하에 101부대, 102부대, 103부대, 105부대가 편성되었다. 이 부대에는 단위부대인 중대와 소대가 있어 전투부대로서 잔비 토벌만을 담당했다. 이 부대 대원들은 육군훈련소에서 일정 교육을 받고 주둔소에 주둔하면서 잔비 소탕 작전에 투입되었다. 경찰은 또 100사령부와는 별도로 사찰유격대를 조직 운영했다. 이들은 주로 유격대에 대한 정보를 수집하면서 상황에 따라서 토벌 임무도 수행했다. 또한 제주도에 신병훈련소가 설치되고 많은 피난민들이 들어와 있는 상황에서 제주 경비를 위해 해병대가 파견되었는데, 이들이 경찰과 합동으로 잔비 토벌 작전에 참여하기도 했다.

100사령부 예하 부대는 한라산 500고지 이상 지역을 맡았고 그 아래 지역은 각 경찰서 사찰유격대가 담당하여 토벌작전을 수행했다. 한편 특수 훈련을 받고 육군으로 편성된 무지개 부대가 한라산 잔비 소탕에 투입되었다. 이들은 100사령부 예하 부대와 합동으로 주로 대민 심리전을 담당했고 잔비가 은거할 수 있는 지역에 잠복해 있다가 적을 공격하는 특수 임무를 맡았다. 1952년 당시 잔비는 70

여 명이었다. 이들 중에는 무장 유격대에 의해 납치된 후에 유격대 간부로부터 사상 교육을 받고 유격대원이 된 경우도 있었다. "앞으로 몇 달만 참으면 살기 좋은 세상이 온다."고 교육을 받았다.

겨울이 가까워지자 잔비들의 생활이 어려워졌다. 100사령부 산하 진압군이 잔비와 접전하여 많은 전과를 올렸다. 그래도 잔류 유격대원들은 보급품을 확보하기 위해서 마을을 습격하여 식량과 말과 소를 탈취하여 갔다. 여러 차례에 걸친 100사령부 예하 부대와의 교전으로 잔비 전력은 많이 약화되었다.

전쟁이 계속되는 상황에서 잔비의 기세도 만만치 않았다. 그래도 주민들의 생산 활동을 위해서 폐촌이 되었던 중산간 부락을 재건하여 주민들을 집단 이주시켜 생업에 종사하게 하였다. 주민들은 산에서 송진이 흐르는 소나무를 베어다가 집의 얼개를 짓고 띠를 베어다가 지붕을 이어 임시 숙소인 소위 '함바'를 지었다. 마을 주민들은 돌로 쌓은 성곽 안 일정 지역에 집단으로 살면서 밭을 갈아 농사를 지었다. 중산간 재건부락에는 경찰관 출장소나 파견소를 설치하고 주민과 함께 잔비의 공격에 대비하여 마을을 지켰다. 전쟁 중이었기에 한라산 잔비들은 기세가 꺾이지는 않았다. 주로 식량을 확보하기 위해서 마을을 습격하였고, 들에서 일하는 주민들을 납치하는 사건이 종종 벌어졌다.

경찰은 1954년 4월 1일을 기해 '한라산 잔비가 소수이므로 주민의 생업에 위협을 주지 못한다.'고 판단해서 산간부락 입주 및 복귀를 허용함으로써 한라산 일부를 개방하게 되었다. 그해 9월 21일을 기해 한라산 금족령이 해제되어 한라산이 전면 개방되었고, 주민들이 성곽 경비도 하지 않게 되었다. 그리고 1955년 9월 21일에 한라산 백록담 북측에 "한라산개방평화기념비"가 세워졌다.

그다음 해인 1956년 4월 3일 구좌면 송당리 채오름에서 무장 유격대 부책인 정권수가 토벌대와 교전 중에 사살되었다. 1957년 3월, 여자 유격대원 한순애가 사찰유격대에 의해 생포되었고, 일주일 뒤에 총책 김성규 등 2명이 작전 중에 사살되었다. 마지막 유격대원 오원권이 성산포 사찰유격대에 의해 생포된 것이 4월 2일이었다. 남로당 제주도위원회가 피의 반란을 일으킨 지 꼭 만 9년 만이었다.

내전(內戰)의 태풍이 휩쓸고 간 땅

천하를 주고도 바꿀 수 없다는 사람의 생명이 파리 목숨이 되었던 공포의 세월이었다. 명예회복 위원회에 신고된 희생자 인원이 1만 4,000여 명이 넘는다고 한다. 미 신고자를 포함하여 아마 1만 5,000

명 내외가 될 것이다. 그 당시 제주도 인구가 29만여 명이었으니 5%가 희생된 것이다. 원인 제공은 남로당이었다.

우리 사회에는 해방기에 사회주의 사상에 경도되거나 그 사상을 추종했던 사람들이 많았다. 제주에만 그런 사람들이 있었던 것은 아니다. 그런데도 이 섬에서 이런 피비린내 나는 사태가 일어났다는 것은 이해할 수 없는 일이다. 특히 인민유격대원(남로당의 표현)이 되어서 또는 그들에 동조해서, 그러한 사람들과는 전혀 관계없이 중산간 부락에 살았다는 이유만으로 '산사람'으로 몰려 죽음을 당한 사람들도 많다. 정치 변동기에 혁명을 꿈꿀 수도 있다. 그것을 위해서 온몸을 던질 수도 있다. 인간만이 가질 수 있는 행동 양식이다. 이제 60몇 년이 지난 지금에 와서 사회주의 사회를 꿈꾸었던 그들의 선택을 비난할 수 없다. 그러나 매사에 조심스럽게 살아온 제주도 사람으로서는 그들의 정치적 반란을 이해할 수 없다.

지금 사람들은 그런 아픔이 누구의 탓인가를 생각하려 한다. 그러나 그것으로 아픔이 치유되지는 않는다. 제주 사람들은 험난한 역사의 길목에서 인간이 치러야 할 희생의 제물이었다. 남로당의 회유와 공작에 그들의 추종자가 되어서 죽은 사람들, 더구나 사상과는 전혀 상관이 없는데도 '산사람'이 된 제주사람의 처지를 어떻게 설명할 수 있을 것인가? 그리고 또 다른 특별한 일이 지금 제주에서 벌어지고 있다. 반란군을 진압하기 위해 국가의 명령을 받고 싸우다가 죽은 사람들, 역사상 처음으로 민주주의 국가를 이룩하기 위한 제헌국회 의원선거 일을 담당했던 사람들, 내 남편이나 내 아들이 면장이었다고, 마을 일을 맡아 심부름꾼처럼 일했던 이장(里長)이라고, 경찰관이라고, 우익청년단체 간부였다는 이유만으로 유격대원들에게 목숨을 잃은 사람들이 있다. 이들이 4.3희생자에서 배제되고 있다. 왜냐하면 '통일정부를 가로막는, 단선 단정을 반대하고 외세인 미군정을 배격하며 친일세력을 응징하여 일어난 저항운동의 주체'가 아니었기 때문이다.

제주시 봉개동 12만 평 땅에 약 1,000억여 원을 들여서 "제주4.3 평화공원"을 조성하고 있다. 화해와 상생의 이름으로 다시는 무모한 싸움을 하지 말자고, 공원을 만들고 외로운 영령들을 추념하는 기념물을 설치하고 교육장을 만들어놓고 있다. 그런데 그 추념의 대상에 대해서는 말들이 많다. 그들의 외로운 넋이 평화공원에 세워진 돌비석으로, 어느 날 갑자기 주어진 '의로운 저항자'라는 명예로 보상받을 수 있을 것인가? 만약 보상이 주어진다면 오늘의 한국을 이룩하기 위한 험난한 역사의 길목에서 희생되었다는 '역사의 희생양'이라는 불행한 명예로 가능할 것이다. 그런데 그들에게 외세에 대한 저항, 통일정부 수립을 가로막는 5.10 선거에 대한 저항자라는 정치주의적 잣대로 "의로운 죽음"이라고 명분을 만들어준다고 원혼들이 위로를 받을 수 있을까?

물적 피해도 엄청났다. 중산간 부락은 1948년부터 1952년까지 모든 생산활동이 중단되었다. 더구나 목축을 주업으로 했던 마을들의 그 많은 가축들이 다 죽어갔다. 농사를 짓지 않는 밭들은 황무해졌다. 해안부락도 피해가 많았다. 유격대에 의해서 마을이 전소되고 학교가 소실되고 공공기관이 소실 또는 파괴되었고 농사나 어로 작업도 제대로 할 수 없었다. 마을 주위 솔밭과 나무숲들은 모두 잘라내어 버렸다. 제주 섬은 전쟁 상황이었기 때문에 싸우는 일을 제외하고는 모든 것은 정지되었다. 학교도 쉬었다. 공부를 한다고 해도 제대로 되지 않았다.

4.3사건으로 중산간 부락은 모두 폐허가 되었다. 해안부락이라고 안전하지 않았다.『제주도세요람』(제주도, 1953)에 의하면 이 사건으로 1만 9,934호에 9만 1,732명이 이재를 당했다고 한다. 형식적으로 그러한 통계 수치가 가능하겠지만 실제는 더 심했을 것이다. 더구나 교육시설만 해도 전부 불타버린 학교가 초등학교 73개교, 중등 1개 학교가 된다. 중산간 부락에 있는 학교만 손실된 것이 아니라 해안부락에 있는 학교도 유격대의 습격으로 불타버렸다. 겉으로 드러난 인명 피해와 가옥 및 공공기관 전소와 파괴 상황만 봐도 제주도

의 피해 상황을 짐작할 수 있다.

더구나 유격대로 몰려 죽은 사람들의 후손들이 권위주의 정부 시절 사회 활동을 하는 데 불이익을 당했다. 그 선대가 4.3으로 희생을 당한 것만도 억울한 일이다. 내 부모 형제를 내가 선택하였는가? 그 자손들, 형제, 4촌들까지 연좌제에 묶여 사회활동을 하는 데 제한을 받고 불이익을 당했다. 그것은 개인의 문제가 아니라 국력의 손실이다. 귀한 능력이 사장되기도 했고, 사회적 불평등을 심화시켰고 억울한 사람들을 만들어내었다.

눈에 나타나지는 않지만 전통적인 제주사회의 미풍양속이 무너져 버렸다. 마을 공동체 안에서 대립과 갈등이 움트기 시작했다. 한 마을 안에 4.3으로 이편저편 나눠져야 했고, 어떤 경우에는 일가친척 안에서도 좌와 우로 분열되기도 했다. 해변 마을과 중산간 마을 간의 관계가 소원하게 되는 경우도 있었다. 조상 대대로 살아온 마을을 아예 뒤에 두고 다시 쳐다보고 싶지 않다고 떠난 사람도 있다. 조상 대대로 살아온 마을에 분열이 생기고 한을 심어주기도 했다.

그 사태로 인해서 산업생산력이 저하되었고 도민의 저력이 약화되었다. 특히 중산간 부락의 목축 산업이 몇 년 동안 정지되었다. 새로운 시대를 당하여 만약 그 사태가 없었다면 전통적인 목축업이 현대화되는 계기가 좀 더 빨라졌을 것이다. 더구나 일제 강점기에 일본에서 얻은 체험적 학습을 받았던 인재들에 의해 제주의 산업과 교육이 새로운 전기를 맞게 되었을 것이다. 일제 강점기에 멸시와 천대를 받으면서 타 지역에서 얻은 경험과 교육을 신생 독립국가를 이룩하는데, 4.3처럼 이데올로기화하지 않고, 교육과 산업 생산력에 투입했다면 제주 섬을 탈바꿈할 수 있는 상당한 에너지원이 되었을 것이다. 더구나 민주주의 시민의식을 고양하는 데 기여하게 되었다면 제주도는 새로운 땅이 되었을 것이다.

4.3사건으로 인해서 제주도의 많은 인적 자원이 손실되었다. 해방기에 좌익 운동에 참여했던 사람들은 제주의 중요한 인적 자원이었다. 이들에 의해 포섭되어 남로당원이 되었거나 그 동조 세력이 된 사람들도 제주에서는 필요한 사람들이었다. 더구나 일제 강점기에 일본에서 교육을 받은 지식계층들이나, 정규 교육을 받지 않았더라도 사회 체험이나 공장 노동 현장에서 체험을 통해 전통적인 제주사람들과는 달리 다가오는 세대에 대응할 수 있는 인물들이 많았다. 그들은 새로운 문명과 문화를 만나면서 사회 변동을 앞장서 감당할 수 있는 인적 자원이었다. 이들은 창조적인 일을 창안하거나 수행할 수 있는 능력을 가진 자들이었다. 그런데 이들 중 많은 사람들이 유격대원이 되었거나 그 동조 세력으로 4.3사건의 피해자가 되면서 또는 경직된 우익 이념주의자가 되면서 그 인적 자원이 많이 손실되었다.

이러한 손실은 제주 교육을 지연시켰다. 조선시대 제주는 양반 계층은 취약했으나 글에 대한 관심은 많았다. 해방 이후에 제주도 내 각 지역에 초등학교가 많이 개교되었고 중등교육 기관도 짧은 기간에 많이 설립되었다. 문맹 퇴치 교육도 활발하게 전개되어 문맹률이 전국 최 하위였다. 이렇게 제주사람들은 교육에 대한 열의와 관심이 많았다.

그런데 4.3사건으로 인해서 교육이 심한 타격을 받았다. 초등학교나 중등학교 교원 중에는 좌익으로 기울어져 직·간접적으로 반란에 참여한 사람들이 많았다. 어떤 경우에는 초등학생들도 반란군의 하수인으로 연락병이 되거나 삐라를 살포하는 일을 맡기도 했다. 교실에서 적기가를 부르고 군중집회에 참여하여 소란을 떨기도 했다. 중학생이 무장 유격대원이 되거나 특수부대 요원으로 활동하기도 했다. 이렇듯이 교원들이 반란군이 되거나 그에 동조한 경우가 많아서 학교 교육이 문제를 낳게 되었다. 더구나 2~3년 동안은 중산간 부락 학교가 문을 닫게 되었다. 만약 이 사태가 없었다면 일제 식민 체제의 종식과 함께 제주사람들의 교육 열기가 더해져서 학교 교육의 발전을 촉진했을 것이다.

이 사건으로 보이지 않는 상처가 제주 사람들의 심장에 머리에 남아 있게 되었다. 내전 상황에서 인간의 추악한 악마성을 체험하게 되었고 외지인들로부터 불평등과 편견, 억압적 폭력을 체험하게 되었다. 더구나 선택을 잘못했을 경우에 당하게 되는 불이익에 대한 강박 관념은 상황에 대한 정직한 판단을 흐리게 하도록 만들었다. 신선한 창조적 에너지가 왜곡되기도 했다. 그래서 정치 지향주의, 외세 의존성이라는 권력화의 경향으로 빠지게 되었다. 권력이 생사를 지배하였던 쓰라린 경험을 통해 강한 자의 힘을 체험적으로 알게 되었고, 더구나 주변지역 사람들의 무력함과 그로 인해서 당하게 되는 불이익과 아픔에 대한 피해의식이 제주인의 정신적 상처로 남게 되었다. 이를 제거하기 위한 중심부에 대한 열망이 자아를 왜곡되게 만들어버렸다.

4.3사건은 변동기 정치 이데올로기의 희생물이었다. 남로당이 추구하는 사회주의에 대한 동경과 그 실현은 사실 제주 사람들 것이 아니었다. 섬이었기 때문에, 그것을 동경하게 되었고 그것으로 끝나지 않았고, 제주사람의 생각과 행동을 사로잡는 위력으로 나타나게 되었다. 반란의 정당성 여부를 떠나서 근본적으로는 제주섬이 소비에트를 열망하였다는 데서 시작한다. 그것은 좌익 단체 결성에서 명예의장으로 스탈린, 김일성, 박헌영을 추대하는 것으로 나타났다. 그래서 지금도 제주인의 의식에는 정치 권력 지향성이 음험하게 꿈틀거리고 있다. 위험한 정신질환이다.

그런 외상은 4.3의 해법을 정치 이데올로기에 의지해서 찾아보려고 하는 경향으로 나타났다. 제주의 아픔을 제주사람들 스스로가 해결하려 하지 않고 중앙 정치세력에 의지했다. 거기에는 명분도 따르고 돈도 따르기 때문이다. 그러나 결국 그 해결은 표의 논리에 의하여 진정성이 없는 형식적인 것이 되어버렸다. 도민의 표가 필요한 사람들이나 집단은 절대로 정직하게 해법을 내놓지 않고 진실도 말하지 않는다. 그들에게는 해법이 어떻게 되었건 상관이 없기 때문이다. 제주사람들의 고통을 위로한다고 말하지만 그것은 표를 얻기 위한 언어유희일 뿐이다. 왜냐면 그들에게 제주의 4.3은 큰 의미가 없기 때문이다. 4.3의 상처는 영광처럼 우리에게 다가와, 우리로 하여금 그 상처의 실체까지 잊게 만들어버린다. 이것은 영원히 치유할 수 없는 고질병으로 제주 사람들에게 남아있게 될 것이다.

이제 60년이 지나서 4.3은 다시 이념논쟁으로 나타나면서 제주사람들에게 새로운 갈등과 반목을 만들어주고 있다. 그 이유는 무엇인가? 해법을 정치논리로, 외세의 힘을 빌어서 찾으려고 했기 때문이다. 해법은 단 하나이다. 진실 위에서만 가능하다. 그리고 어떤 보상이나 거짓 명예를 통해서 가능하지 않다. 명예는 스스로 얻는 것이다. 4.3사건이 의로운 저항운동이라고 한들 이를 진압한 대한민국 정부를 부도덕하고 반인권적인 집단으로 매도한다고 한들 그러한 논의가 진실 위에서 이루어지지 않는 이상 상처는 치유될 수 없다. 더구나 이 사업의 결과로 만들어진 제주평화4.3공원 전시실은 치욕스러운 대한민국 정부 수립, 이에 저항하는 의로운 4.3항쟁을 강조하는 내용으로 채워져 있다. 이러한 문제는 제주 4.3에 대한 생각을 더욱 날카롭게 만들고 있다. 상생과 화해는커녕 불신과 대립을 만들고 있다. 그 원인은 무엇인가? 이 사건에 대해 정직하게 진상을 규명하려는 노력보다는 이념적으로 정치적으로 해결하려 했기 때문이다. 그러면 어떻게 이 문제를 극복해 나갈 것인가?

4.3의 비극을 극복하고 희생자의 명예를 회복하고 위무(慰撫)하는 길은 없을까? 이 사건의 실체를 정직하게 규명하고 그에 따라 도민의 아픔을 서로 이해할 때에 가능하다. 그렇게 하기 위해서 4.3을 이해하는 기본 입장이 정립되어야 한다.

진압 과정에서 발생한 반 인권적 사례 때문에 자유민주주의국가 건설을 거부하려는 그 반란의 목적을 정당화할 수는 없다. 이 사건이 반국가적 반란이라 하더라도 이를 진압하는 과정에서 야기된 반 인권적 사실 또한 정당화할 수는 없다. 이것이 4.3사건의 실상을 밝히고 그 아픔을 치유하는 대전제가 되어야 한다.

그런데 4.3은 그 시작도 정치적이었고 그 해결 즉 끝맺음도 정치적이었다. 이 점에서 주변부 섬의 정체성의 단면을 극명하게 보여준다.

2장

노무현 정부의 "과거사 청산의 반(反) 역사성"

노무현 정부가 추진했던 "잘못된 역사 바로잡기"의 사업으로 "과거사 청산"의 차원에서 이루어졌던 "제주4.3사건 진상규명 및 희생자명예회복위원회"(이후부터 '4.3위원회')에서 만든『제주4.3사건 진상 보고서』(이후부터『보고서』)는 역사의 진실을 정치 논리에 의해 왜곡시킨 반 역사적인 결과이면서, 정치권력으로 역사를 바꾸려 했던 폭력의 극치를 보여주고 있다. 그『보고서』의 근본적인 문제점을 간략하게 제시한다.

위원회 조직의 문제

4.3위원회 인적 구성은 당연직과 위촉직으로 구분된다. 위원장인 국무총리를 비롯해서 당시 행정안전부, 기획재정부, 법무부, 국방부, 보건사회복지부 장관과 법제처장, 제주도지사가 당연직이 되었다. 이들은 개각 때마다 바뀌기 때문에 사업 추진에 대한 의지가 없을 뿐만 아니라 집권당의 각료여서 역사적 진실을 밝히는 일을 감당할 수 없다.

국무총리가 지명한 위원들도 편파적이었다. 박재승(대한변협회장) 김삼웅(독립기념관장) 박창욱(전 제주4.3유족회장) 배찬복(명지대교수) 서중석(성대교수) 임문철(제주중앙성당 주임신부) 한용원(한국교원대 명예교수) 강만길(전 상지대 총장) 신용하(당시 한양대 석좌교수) 김정기(제주대 부총장) 유재갑(전 경기대 교수) 이돈명(변호사), 김점곤(군사전문가), 한광덕(군사전문가). 이중 김점곤과 한광덕은 중도에 사퇴했다.

위원회는 『제주4.3보고서』 작성기획단을 위촉했다. 단장에 박원순(당시 아름다운재단 상임이사) 당연직으로는 행정자치부 자치행정국장, 법무부 서울고검사무국장, 국방부 군사편찬연구소장, 법제처 행정

법제국장, 제주도 행정부지사이다. 위촉직으로는 강종호(재경제주4.3민간인희생자유족 공동대표) 강창일(제주4.3연구소장. 현재 민주당국회의원) 고창후(변호사) 김순태(방송통신대학교충남지역학장) 도진순(창원대학교 교수) 오문균(경찰대 공안문제연구소 연구위원) 유재갑(경기대 교수) 이경우(변호사) 이상근(국사편찬위원회 근현대사실장) 그리고 전문위원으로 박찬식, 김종민이다. 진상조사팀으로 수석전문위원 양조훈, 전문위원 나종삼, 장준갑, 김종민, 박찬식이고 여기에 조사요원 15명이 위촉되었다.

4.3사태 진상규명의 열쇠를 갖고 있는 것은 이『보고서』작성 기획단과 진상조사위원들이다. 이러한 인선에 비전문가가 많으며 학자보다는 정치적인 인사들이 많다. 더구나 단장은 원래 국사편찬위원회 근현대사 실장이 내정되어 국무총리 결재까지 났었는데, 박원순으로 교체 임명되었다. 위원회와『보고서』작성 기획단의 인선에서부터 4.3은 공정하고 정직하게 규명될 수 없었다.

정치권력과 역사 왜곡의 실상

위원회『보고서』의 중심 논점은 다음과 같다.

(1) 4.3사건은 민족통일정부 수립을 방해하는 5.10선거를 거부하

고 외세인 미군정과 부정부패 세력에 저항한 정당한 민중저항운동이다.

(2) 이를 무력으로 진압한 이승만 정권은 불법적으로 비상계엄을 선포하여 무고한 양민을 학살하였다.

(3) 미군정하에서 일어난 이 사건에는 처음부터 미군정이 개입하였고, 그 진압 과정에서 미국이 작용하였으므로 그 책임을 면하기 어렵다.

(4) 그래서 4.3은 정의로운 민중저항이기에 이를 국가권력으로 제압한 대한민국 정부는 과오를 저질렀으므로 도민에게 사죄해야 한다.

이러한 논점의 궁극적인 의도는 대한민국 정부의 정통성을 부정하고, 자주적 결정권을 억압하는 외세를 배격하여 반미사상을 강조하는 데 있었다. 희생당한 주민의 명예를 회복한다는 애초의 주요 목적까지도 수단으로 전락하게 되었다. 『보고서』는 4.3의 진상을 규명하지 않고 정치적인 의도로 역사를 왜곡시켰다.

이 『보고서』에서 역사적 사실을 왜곡한 내용 중에 중요한 사항은 다음과 같다.

(1) 3.1사건과 3.10파업 사건은 남로당이 정치세력을 확대하여 제주에서 정치적인 주도권을 잡으려는 과정에서 발생한 사건인데도, 경찰관 발포 사건만을 부각시켜 도민의 정당한 저항처럼 기술하

면서 4.3을 제주 민중 저항운동으로 왜곡하였다.

(2) 4.3사건은 남로당 중앙당의 지시가 없이 남로당 제주도위원회의 결정으로 일어난 사건임을 강조하면서 통일정부 수립에 대한 열망, 외세에 대한 저항, 부정과 부패에 대한 도민의 정의로운 저항의식을 남로당이 대신하여 일으킨 것처럼 미화시켰다.

(3) 이 사건으로 피해를 입은 도민의 희생 중에 남로당 반란세력의 비인도적인 행위는 외면하고 정부의 과잉 진압 과정에서 벌어진 반 인권적인 사례만을 부각시켜 문제 삼았다.

(4) 제주4.3은 그 준비 단계에서부터 군 프락치의 활동에 의해 국방경비대 9연대와 긴밀한 유대 관계를 갖고 있었다. 프락치는 반란 당일 경찰을 제압할 계획을 세웠고 이것이 실행되지 않자 반란 후에는 무기와 실탄 공급, 군 탈영 입산자를 조장하는 등으로 적극 협력했는데도 이러한 사실을 외면하고 반란군과 김익렬 연대장의 평화회담이 미군정과 경찰의 방해로 파기되었다는 점을 억지 논리를 내세워 강조했다. 『노획문서』에 의하면 반란군이 평화회담에 참여하는 것은 시간을 벌기 위한 전략이었음이 분명하게 나타났다. 그것은 이미 9연대의 대대장과 부관, 정보장교, 그리고 프락치가 반란군의 군책(軍責)과 자주 회합을 가졌다는 것으로 확인되었다.

(5) 조선민주주의인민공화국 수립을 위한 대의원 선거에 남로당

제주위원회가 주민들을 협박 회유하여 85%가 투표에 참여하도록 한 일과, 반란군 사령관 김달삼이 해주대회에 참여하여 제주 사태를 보고하고 남로당의 열렬한 지지를 받은 사건에 대해서는 억지로 의미를 축소하여 처리했다.

(6) 이러한 왜곡된 논의의 정당성을 확보하기 위해 자료를 편향되게 선택했다. 특히 진압군과 경찰에 의해 피해를 당한 자의 증언은 자료로 채택하면서 반란군에 의해서 고통 받은 자의 증언은 자료에서 제외했다. 집단적 피해도 군경 진압군에 의한 것은 강조했으나 반란군에 의한 집단적 피해는 논외로 했다.

(7) 사건을 인과 관계에 의해서 해석하지 않고 어떤 사태를 단순화하여 이해함으로 역사적 관점에서 종합적으로 현상을 보지 않았다. 이것은『보고서』의 의도가 역사적 사실을 규명하는 데 있지 않고 정치적, 정략적으로 쓰여졌기 때문이다. 이래서『보고서』는 4.3의 실체를 객관적이고 역사적인 입장에서 밝히려는 학술적 결과물이 아니고, 정치세력화를 강화하는 데 기여할 수 있는 반 역사적인 문서에 불과하다. 이『보고서』는 4.3으로 인한 도민의 갈등과 고통을 치유하기는커녕 오히려 증폭되는 결과를 낳게 했다.

이 모든 문제는 4.3의 진상을 규명하겠다고 나선 위원회가 '인간과 역사의 진실이 소중하다.'는 인간주의를 외면하고 정치적 이해와 그 목적을 이루려는 반역사적인 동기에서 출발했기 때문이다.

(8) 학문적 양식을 가진 전문가 집단이 지속적이고 학술적으로 위원회가 조사·수집한 자료를 연구하여 4.3의 실상을 온전히 밝혀야 할 것이다.

3장

한 작가가 겪은 제주4.3

2013년 여름

나는 4.3사건을 소재로 많은 작품을 썼다. 왜 사실에 근거하여 만든 허구적 작품에 만족하지 않고 이제 그 사건의 실제를 쓰려고 하는가? 어느 날 문득 4.3의 이야기를 써야 하겠다고 생각한 것은, 그때 사람들의 모습과 마음과 생각을 지금 누구도 알아주지 않고 알려고 하지 않기 때문인가? 그리고 또 하나, 이제 그때 일들을 잊어버릴 만큼 오랜 시간이 흘렀는데도, 오히려 그때의 일들이 더욱 생생하게 살아나고, 그 사람들의 목소리와 표정이 어제 일보다 더 선명하게 다가오기 때문인가? 나의 소설의 출발은 4.3이었다. 소설을 그만두려고 했을 때에, 내가 써야 할 이야기가 있다는 생각에 포기할 수 없었는데, 이제 생각하니, 소설보다도 사실(事實)이 중요함을 절감하게 되었는가?

직접적인 이유도 있다. 내가 「본질과현상」(32호, 2013년 여름호)에 소논문을 발표했다. 그 내용은 노무현 정부가 '과거사 청산' 작업의 하나로 '제주4.3사건 진상 규명 및 희생자 명예회복 위원회'를 설치하고, 3년에 걸쳐 조사 연구한 결과를 『제주4.3사건 진상보고서』로 만들었는데, 그 보고서의 오류를 지적하고, 정치권력이 역사를 바꾸는 일을 문제 삼았던 것이다. 어느 학회에서 발표한 학술논문이다. 그런데 제주의 일부 언론과 소위 4.3 관련 단체들로부터 집중 포화를 맞았다. 이유는 "4.3을 폄훼했다."는 것이다. 내 논문의 오류를 구체적으로 제시하여 반박하지 않고 "4.3을 폄훼했다."는 한마디로 모든 논리를 뒤덮어 버렸다. 나는 4.3을 폄훼하기는커녕 그 진실에 더한 애정을 갖고 있다. 그런데 그들은 내가 온갖 수모를 느끼도록 거칠고 야비한 언어를 동원해서 매도했다. 이 일은 마치 어느 한때에, "너는 빨갱이다."라는 한마디로 한 사람의 모든 것은 결정되어버렸던 경우와 다르지 않았다.

광란의 시대는 끝나지 않았구나. 나는 그들의 흥분된 언어를 읽다가 나도 덩달아 흥분될까 두려우면서도 우리 고향 사람들이 4.3을 제대로 알지 못하고 있다는 것을 확인하게 되었다. 4.3을 안다면, 이렇게 4.3을 이야기하는 사람에게 증오를 퍼붓지 않을 텐데, 그리고 4.3을 너무 잘 알고 거기에 더하여 사랑한다고 자부하는 사람들도 정작 그 사건을 제대로 모르고 있다. 그러한 그들의 인식의 수준은 4.3에 대한 진정한 관심이 부족하기 때문이다. 왜 부족할까? 그들이 안다고 자부하는 것은 누군가로부터 받은 교육이나 읽을거리에 의지한 지식과 이념과 그것으로 얻은 가치 때문이다. 정작 제대로 알고 있는 사람들은 입을 다물고 있다. 왜 그럴까, 의아하게 생각했는데, 2013년 제주의 여름에 있었던 일을 당하고 보니 그 이유를 알게 되었다.

2013년에도 '광란의 시대'는 끝나지 않았구나. 1948년에서 2013년, 65년의 긴 시간이 흘렀는데도 녹아버리거나 산화되어 버릴 수 없는 그 분노와 증오와 한의 정체는 무엇일까?

형식적인 시간 개념으로는 4.3은 내가 9살 때부터 14살 때까지 일어난 사건이다. 9살 때라면 내가 겪은 것을 사실이라고 믿지 않을 수도 있겠지만, 지금 쓰고 있는 것은 9살의 나이에 겪은 것이 아니다. 그 후에도, 사람들이 모이면, 그렇게 힘들게 살아온 세월에 겪었던 모질고 아픈 이야기를 되풀이했다. 그것은 내 기억과 마음과 피에 용해되어 남아 있게 되었다.

이렇게 써서 남김으로 그 험난한 시대를 살아왔던 사람들의 진실의 한 부분을 전하게 되어, 그 시대를 살았던 (이미 세상을 떠났거나 살아 있는) 분들의 한을 풀어주는 일이 될 것이라고 믿는다. 나는 내 기억을 믿도록 강요하고 싶지는 않다. 그러나 이러한 기억의 잔해들을 통해서 제주4.3이라는 역사의 실상을 바라보는 눈길이 좀 진지했으면 한다.

모두들 세상을 떠났다. 죽음은 모든 것을 청산하게 만든다. 그때 살아남은 사람들은 '내'가 또는 '그'가 어느 편에 있었는지 생각하지 않는다. 모두가 살아남았다는 사실을 축복처럼 받아들였다. 왜냐면 살아남으로 그 아픈 이야기를 나눌 수 있기 때문이다. 어느 편에서 어떤 경험을 했든 그것은 모두 공유할 수 있는 사실이었다. 그래서 훗날 그들은 자신의 아픔과 고통을 말하면서도 누구를 원망하거나 증오하지 않았다. 아마 그 험난한 광란의 시대를 함께 겪었다는 동질감을 더 소중하게 생각했을 것이다.

그 시대를 살았던 사람들의 말은 조용조용한데, 살아있는 자들의 목소리는 거칠다. 왜 그럴까? 아마 겪었던 사람들은 진실을 말하기 때문에 큰소리를 칠 필요가 없지만, 사태를 바로 알지 못하는 사람들은 큰 소리로 말할 수밖에 없을 것이다. 그래야만 그 큰 목소리로 그들이 의지할 가치나 이념을 만들어낼 수 있기 때문이다.

1947년 여름

거칠게 흔드는 대문 소리에 우리는 모두 잠에서 깨었다.

"정○○ 나와라."

거친 사내의 목소리에 이어 대청마루로 올라오는 사람들 발자국

소리가 어지러웠다. 아버지는 벌떡 일어나더니 후다닥 뒷문으로 내달랐다. 뒤 울을 넘으면 솔밭이었다.

"도망친다!"

뒤 울 쪽에서 고함소리와 호루라기 소리에 이어 "탕탕" 총소리가 났다. 어머니는 두 돌이 지난 여동생을 껴안고 눈을 감았다. 그때 방문이 열리고 총을 든 경찰관이 어머니를 향해 총구를 겨누었다.

"어디로 도망쳤어."

어머니는 뒷문을 가리켰다. 그때 마당에서 "잡았다." 하는 소리가 났다. 경찰관은 총을 거두고 물러났다. 어머니가 툇마루로 나가자 나도 뒤따랐다. 안방에 주무시는 증조부님도 일어나셨고, 별채에 사시는 할아버지와 삼촌 방에서 잠자던 형님도 마당으로 나왔다.

마당 한가운데 맨 마지막 속옷만 입은 아버지가 꿇어앉아 있었다. 어머니가 방으로 들어가 아버지 옷을 가져왔다. 옷을 입으려고 일어난 아버지의 한쪽 다리에서 피가 흐르고 있었다. 나는 총을 맞았는가 했다.

"정○○ 어디 있어?"

경찰관 중에 책임자인 듯한 사람이 아버지를 추궁했다.

"모르겠습니다."

"여기로 왔다는 정보를 들었어."

아버지는 다시 모른다고 대답했다. 책임자는 할아버지에게 정○○가 이 집에 숨어 있다는 정보를 갖고 왔는데, 아버지가 도망치는 것을 보면 무슨 일이 있을 것 같다고 설명했다.

"우리 아들은 아무 죄도 없수다. 집안을 모두 찾아 봅서."

할아버지가 사정했다. 그러자 경찰관들이 신을 신은 채로 집안 곳곳을 뒤졌다.

"언제 그자를 만났어?"

아버지는 최근 몇 달 동안 통 연락이 없었다고 말했다. 그러는 동안 어머니는 무명 수건으로 아버지 오른편 정강이를 싸매었다. 경찰관이 아버지를 붙잡고 총대로 후려쳤다는 것이다.

"너도 남로당원이지."

책임자가 다그쳤다.

"아닙니다. 난 이 집 종손이라 그런 데 마음 쓸 여유가 없수다."

"남원면 남로당 주모자들이 다 친구라면서?"

"그래도 그 친구들이 나에게는 가입하라고 하지 않았수다."

"거짓말이야. 이놈 끌고 가!"

경찰관은 아버지를 오랏줄로 묶었다. 식구들 얼굴이 사색이 되었다. 지서에 잡혀가면 성한 몸으로 돌아오기는 어렵다는 것을 알고 있었다.

아버지가 경찰관에게 끌려 올레 밖으로 나가는데, 누구도 말을 하지 않았다. 셋삼촌은 집에 없었고 작은 삼촌이 밖으로 뒤따라 나갔다.

"며느리야, 내일 아침 조반을 갖고 지서에 가야 하지 않겠냐? "

어머니는 할아버지 말씀에 새벽밥을 지으려고 준비를 했다.

"이놈들은 어딜 갔나?"

할아버지는 셋삼촌을 걱정했다. 아직 결혼을 하지 않는 삼촌 둘은 초등학교를 나와 집에서 농사일을 돌보았고, 셋삼촌(셋째 삼촌)은 일본군에서 살아 돌아와 집에서 쉬고 있었다.

한참 후에 셋삼촌이 마당으로 들어섰다. 아버지가 경찰에 잡혀갔다는 말을 말잿 삼촌에게 듣고 달려온 것이다. 삼촌은 멍청하게 올레 쪽을 바라보다가 밖으로 나갔다.

그때 이웃집 친척 어른이 들어서면서, 경찰이 아버지를 데리고 '윗새집'으로 갔다고 전했다. 그 집은 살림이 탄탄하고 그 둘째 아들은 경찰관이었다가 사표 내고 집에서 쉬고 있었다. 아마 경찰관 중에 그 집안과 인연이 있는 사람이 있는 모양이었다.

그 한밤 중에 셋삼촌은 윗새집에서 경찰관 책임자와 인사를 나누면서 사정을 물었으나 대답을 해주지 않았다. 그 집에서 닭을 잡아 경찰관들에게 식사를 대접했다. 식사를 한 그들은 아버지를 데리고 남원 지서로 내려갔다. 새벽에 삼촌이 집에 돌아와서 전했다.

아버지 식사가 들어있는 채롱(대나무로 엮은 그릇)을 들고 셋삼촌과 할아버지와 어머니가 지서로 갔다. 그분들은 그날 저녁이 되어야 식사를 전하기는커녕 아버지 얼굴도 대하지 못하고 돌아왔다. 삼촌은 지서와 인연이 닿을 만한 사람들을 찾아 부탁했다.

이틀 후에 아버지는 집으로 돌아왔다. 남로당에 가담하지 않았고 지난번 3.1사건에도 관계하지 않았다는 사실이 드러나 석방된 것이다. 평소에도 몸이 허약한 아버지였는데, 그 일을 당하고 나서 며칠 동안 자리에 누워 지내었다.

아버지 사건이 있었던 며칠 후에 삼촌은 경찰관 시험을 보기로 결정했다.

그해 여름 (나중에 기록을 찾아보니) 1947년 8월 2일에 셋삼촌은 제주 경찰학교 2기로 들어갔다(제주신보에서 4.3사태 관련 기사를 찾다가 경찰관 합격자 명단에서 셋삼촌 이름을 찾았다).

학교 가는 길가 바위나 큰 나무 둥치에는 삐라들이 나붙어 있었다. 하얀 백로지 반절에 먹물이 채 마르지 않은 삐라에서는 먹 냄새가 났다. 나는 그 삐라들은 읽다가 문득 밤중에 잡혀가던 아버지 일이 생각나서 달음박질을 치며 그 자리를 피하기도 했다.

"米軍(미군)을 몰아내자. 洋菓子(양과자)를 먹지 말자. 人民(인민)들은 함께 나가 싸우자. 朴憲永 萬歲(박헌영 만세). 金日成 將軍 萬歲(김일성 장군 만세)!"

나는 초등학교에 입학하기 전에 천자문을 공부해서 웬만한 한자는 읽을 수 있었다. 그런데 박헌영이나 김일성은 누구인가? 쓰타린은 누구인가? 그즈음에 김일성 장군에 대한 신기한 이야기들이 나돌아다녔다. 일본군을 무찌르는 데는 귀신 같았다는 내용이다.

학교 정문에는 경찰관이 구식 장총을 짚고 보초를 서 있을 때가 많았다. 경찰관 몇이 교장 관사에서 나오기도 했다. 김 교장 선생님의 표정은 어두웠다. 지난해 담임이었던 오 선생을 비롯해서 몇몇 선생이 학교에 보이지 않았다.

오 선생은 셋삼촌과 친구였다. 초등학교를 졸업하고 3종훈도시험에 합격하여 선생이 되었다. 학교는 쉬는 날이 많아졌고, 수업도 제대로 되지 않았다. 우리 담임선생도 학교에 나오지 않았고, 오 선생은 다시 학교에서 만나지 못했다.

여름 방학이 끝났을 때, 셋삼촌은 경찰 제복을 입고 권총을 차고 집에 들렀다. 추자도로 발령을 받았다고 했다. 그곳은 일본군에 입대하기 전에 청년단원 지도자로 몇 년간 살았던 곳이다. 며칠 집에서 머물렀던 삼촌이 떠나갔다.

1948년 봄

4월 초였다. 학교에 갔는데 교실이 뒤숭숭했다. 공산당원들이 지서를 습격해서 경찰관과 급사를 죽였다고 했다. 수업하지 않아서 좋았으나, 오 선생이 보이지 않아서 궁금했다.

며칠 후에 남원국민학교 6학년인 형이 수학여행으로 제주도 일주를 떠났다가 되돌아왔다. 구좌면 김녕리까지 겨우 갔는데 더 이상 제주읍으로 갈 수 없었다고 했다. 곳곳에 전신주가 잘라져 쓰러져 있고, 신작로를 가로 질러 돌담이 쌓여 있어서 차가 다닐 수 없었고, 경찰관과 폭도(4.3사건이 일어난 다음에 무장대를 그렇게 불렀다)들 사이에 총격전이 일어나 도일주가 어렵게 되었다고 했다.

아버지는 큰일이 났다고 걱정했다. 마을에서도 자취를 감춘 청년들이 여럿 있었다. 아버지와 할아버지가 주고받는 말을 들으면 대강 알 만한 사람들이었다. 일제시대에 징용을 갔다온 청년들과 맨 윗동네에 사는 몇몇 사람들인데, 모두가 경찰관이 된 셋삼촌과 말잿삼촌의 친구들이었다. 그런데 그즈음에 말잿삼촌도 밤이 되어도 집에 들어오지 않아서 어른들이 걱정했다.

마을에 경찰 응원대가 들어와 공회당에 주둔했다. 아버지는 잠시 동안 마을 구장 일을 맡고 있어서, 응원대들이 자주 집에 드나들었다. 공회당 뒷 공터에 천막을 치고 마을 부인들이 조를 짜서 취사를 맡았다.

얼마 동안 주둔해 있던 응원대가 떠났다. 그 후로는 군인들 대부대가 작전을 한다면서 마을을 지나가기도 했다. 이따금 쌀을 갖고 와서 밥을 해 달라고 부탁했다.

선거가 가까워지면서 낯선 젊은이가 우리 집에 들어와, 지나던 길인데 날이 저물어서 하룻밤 묵고 가기를 청했다. 길손은 이 집이 마을 구장 댁이라는 것을 알고 찾아왔다고 했다. 어른들은 그를 셋삼촌이 쓰던 방에서 자도록 하고, 저녁을 대접했다. 그런데 아침에 보면 어느 새에 떠나 버렸다.

그런 일이 몇 번 있었다. 집안 어른들은 그들이 나그네가 아닌 것 같다고 했다. 한번은 마침 그 낯선 나그네가 툇마루에서 쉬고 있을 때에 인택의 삼촌이 집에 들렀다가 서로 오랫동안 이야기를 나누었다. 선거 이야기였다.

남제주군에서 입후보한 사람 중에 양기하 후보는 우리 집안의 외손이었다. 며칠 전에는 마을로 찾아와서 공회당에 사람들을 모아놓고 이야기를 했다고 들었다.

그즈음에 아버지는 밤에 집에서 주무시지 않았다. 혹 집안에 계셔도 아버지 방에서 주무시지 않고, 외양간이나 뒷 촐눌(꼴 더미)에서 주무셨다. 남원면 선거 사무를 맡은 아버지 친구가 남로당원에게 피살되었다는 소문이 들려왔다.

5.10 선거 투표가 마을 공회당에서 실시되었다. 전날에 경찰관 셋이 투표함을 인부에게 짊어지우고 마을에 왔다.

선거 날은 날씨가 우중충했다. 마을 사람들은 세상 나서 처음 하는 일이라며 투표장에 나와서 투표했다. 경찰관들 셋이 투표소를 지키다가 그중에 한 사람이 꿩 사냥이나 하겠다면서 나섰다. 형님과 투표 상황을 지켜보던 그 윗새집 삼촌도 같이 나섰다.

한 시간이 채 못 되어 형님이 사색이 되어서 달려왔다. 인택의 삼촌이 폭도들에게 납치되었다는 것이다. 뒤이어 꿩사냥을 나갔던 경찰관도 들어왔다. 폭도 대부대가 내려가다가 따로 떨어져 있던 인택의 삼촌을 보고 잡아갔다고 전했다. 투표는 거의 마무리되고 있었다. 경찰관들이 당황하기 시작했다. 투표가 마감되자 투표함을 봉하고 말에 지워 운반하도록 했다. 처음 계획은 마차를 이용하려고 했는데, 마차는 큰길로 가야 하기 때문에 위험하니, 말에 싣고 외딴 오솔길을 택해 남원으로 내려가기로 했다.

온 마을이 술렁거렸다. 친족들이 윗새집으로 모였다. 사람들은 경찰관이 도망쳐 나온 것을 비난했다. 형님이 상황을 설명했다. 한 20~30명이 떼를 지어 아래로 내려가는데, 혼자서 꿩 망을 보던 인택의 삼촌이 그들의 눈에 띄었다는 것이다.

투표함 운반을 맡았던 사람이 돌아왔다. 말을 타서 의귀를 거치지 않고, 그 서쪽 마을인 한남리로 남원에 도착했다. 돌아올 때에는 반대 방향 길을 택했다고 했다. 밤이 깊어가도 납치된 사람은 소식이 없다. 모인 사람들은 청년들을 모아 찾으러 가보자는 의견에, 이 밤중에 어딜 가서 찾겠냐고 당치않은 소리 그만 하라고 반박하기도 했다.

새벽녘이 되었는데, 납치된 사람이 되돌아왔다. 빤스만 입고 온 몸은 피투성이가 되었다. 사람들은 의아했다. 모두들 조상의 덕이라고 생각했다. 그분의 탈출 이야기는 한동안 마을 사람들의 입에 오르내렸다.

그분은 폭도에 납치되어 산속으로 끌려갔다. 수망리 마을 목장 지대를 지나 붉은오름 부근인가 큰 궤야에 도착했다. 납치한 부대의 지휘관이 윗사람에게 사정을 설명했다. 수망리와 의귀리에는 투표 감시를 위해 경찰관 대부대가 와서 경비를 하고 있어서 그냥 퇴각했다는 것이다. 그 대신 이놈을 잡아 왔다고 보고했다. 인택의 삼촌이 거짓으로 그 부대 책임자에게 말한 내용이었다. 그렇지 않고는 그들이 투표소를 습격하여 투표함을 탈취할 가능성도 있기 때문이었다.

인택의 삼촌은 그 곳 지휘관으로부터 심문을 받았다.

마을에서 무엇을 하고 있는가? 선거 관리 책임을 맡았는가? 그런데 거기에서 제일 책임자인 듯한 그 청년이 눈을 크게 뜨더니,

“나를 모르겠나?”

퉁명스럽게 물었다.

인택의 삼촌도 안면이 있었다. 구장 집에서 선거 이야기를 나눈 적이 있었다.

“저놈은 5.10선거 적극 지지파야. 동무는 수망리와 의귀리에 선거 경비를 하기 위해서 경찰들이 수십 명씩 배치되었다는 사실은 어떻게 알았어?”

“이자가 말했습니다.”

“이 병신들, 이놈이 허풍을 떤 거야. 우리 사업을 방해할 목적으로.”

그는 부대를 지휘했던 자에게 호통을 치더니, ‘이놈을 멀찍이 데려가 처치하라.’고 지시했다. 폭도들이 인택의 삼촌의 옷을 다 벗기려 했다. 포승을 풀지 않고는 옷을 벗을 수가 없었다. 그들은 포승을 풀고 빤스만 남기고 모두 벗겨버렸다. 무장대 둘이 삼촌을 데리고 밖으로 나왔다. 사방이 어둑했다. 두 사람이 앞뒤로 호위를 했다.

그들은 숲 속으로 들어가서 처치할 만한 곳을 찾았다. 그때 포승을 풀었기에 삼촌은 뒤따라오는 놈을 한번에 꺼꾸러뜨리고 뛰기 시작했다. 앞에 가던 무장대가 뒤를 돌아보고 총을 쏘았다. 삼촌은 낮은 곳을 향해 노루처럼 뛰었다.

그 일이 있은 후에 그 인택의 삼촌은 경찰에 다시 들어갔다.

아버지가 마을을 떠났다. 남로당원인 친구들이 몇 번이나 인편에 만나자고 했고, 직접 입당하여 협조하도록 권유하는 연락도 받았다. 아버지는 몸이 허약해서 그런 생활을 할 처지도 아니었다. 더구나 동생이 경찰관이고, 또한 아버지도 저쪽 사람들 생각에 동조할 수 없었다.

그해 여름 아버지는 삼촌이 근무하는 추자도로 몸을 피해 우리 곁을 떠났다.

1948년 가을과 겨울

마을이 뒤숭숭해졌다. 할아버지는 보리파종만 끝내고서 지서가 있는 남원리로 내려갈 생각을 하고 있었다. 고구마도 거두어서 웅덩이에 묻었고, 추수도 마쳤다. 마소가 먹을 꼴도 베어서 집으로 옮겼다.

이제 보리파종만 남았다.

학교는 선생님들이 나오지 않아서 쉬게 되었다. 새벽에 할아버지는 일갓집 삭망 제사를 모시려 나를 데리고 갔다. 그 집은 마을 공회당 뒤에 있었다.

할아버지와 내가 공회당 앞으로 가는데, 경찰관을 태운 트럭이 몇 대 눈에 띄었다. 경찰관들이 트럭에서 내리고 있었다. 할아버지는 내 손을 꼭 잡고 걸음을 빨리했다.

"저놈은 누구야? 거기 서."

운전석에서 권총을 찬 경찰관이 튀어 내리더니 할아버지를 불러세웠다.

"이 새벽에 어딜 가는 거야?"

"예, 저기 친척집 삭망인데."

할아버지는 긴 올레가 있는 그 집을 가리켰다.

"삭망? 이 새벽에 토벌대가 왔다고 연락 가는 거지? 야, 이놈 처치해 버려."

경찰관 둘이 다가오더니 총구로 할아버지 가슴을 툭툭 치면서 길가 구석진 곳으로 밀어붙였다. 할아버지는 내게 눈을 껌벅이면서 어서 가라고 했다. 나는 다리가 움직여지지 않았다.

토벌대가 할아버지에게 총을 겨누었다.

"야, 잠깐!"

그 때 다른 트럭 운전석에서 고함 소리가 났다. 권총 찬 경찰관이 내리더니 토벌대의 총부리를 손으로 쳤다.

"우리 고모부야! 아니, 고모부님, 이 새벽에 어떻게."

할아버지는 그제야 정신을 차렸는지, 멍청하게 그 조카를 쳐다보았다. 나도 아는 아버지 외갓집 삼촌이다. 할머니 손을 잡고 할머니 친정집 제사나 큰일에 가면 만났던 그 집안 큰아들이다.

"이거 큰일 날 뻔했네, 어서 가십서. 가다가 토벌대를 만나면 정 경위 삼촌이라고 허십서."

할아버지는 그 말을 등 뒤로 들으면서 내 손을 잡고 자리를 급히 피했다.

"내 고모부야. 알아둬라."

등 뒤에서 그 삼촌의 큰 목소리가 들렸다.

트럭에서 내린 토벌대원들은 몇 명씩 짝을 지어 사방으로 흩어졌다.

우리는 삭망 제사에 참예하지 않고 발길을 돌려 집으로 향했다. 한참을 가는데 토벌대 서너 사람이 길가에 있다가 집으로 향하는 우리를 불러 세웠다.

"어디 갔다 오는 거야. 토벌대가 왔다고 연락 가는 것이지."

젊은 경찰관은 총구를 할아버지 가슴에 겨누고 반말로 윽박질렀다. 할아버지는 겁을 먹고 하얗게 질린 얼굴로 친척집 삭망 제사를 지내러 가다가 집으로 돌아가는 길이라고 사실대로 대답했다. 그리고 토벌대 정경위의 고모부라고 말했다.

"이 자식 수작 부리네."

할아버지 말에 화가 났는지, 토벌대가 험악한 얼굴로 할아버지를 향해 총을 겨누었다.

"잠깐! 그 어른은 2중대장 고모부래. 아까 향사 앞에서 만났어."

밭에서 튀어나온 다른 토벌대원이 총을 겨눈 대원을 제지했다.

"운 좋았수다. 어서 들어가십서."

"우리 삼촌도 경찰관인디?"

나는 입속으로 말했다. 그때였다.

"저놈 도망친다!"

우리와 함께 서 있던 토벌대원이 고함을 질렀다. 누군가가 이편으로 오다가 토벌대를 보고는 되돌아서 달아나고 있었다, 그들은 달아나는 청년을 향해 총을 쏘았다. 청년이 픽하니 쓰러졌다.

집으로 가다가 길 한복판에 죽어 있는 청년을 보았다. 할아버지는 그의 얼굴을 쳐다보더니 얼른 외면했다. 형보다 두 살 위인 만복이었다. 피 냄새가 코로 스며들었다.

마을 곳곳에서 불길이 솟아오르고 있었다. 할아버지는 나를 데리고 걸음을 재촉했다.

그날 토벌대는 여남은 가옥을 태웠다. 그들은 길에서 달아나는 사람들은 보면 바로 쏴 죽였다. 이상하게도 최근에 마을에서 종적을 감춘 청년네 집들이 불탔다.

할아버지는 그날 당한 일을 두고두고 말했다. "사람 목숨은 종이 한 장 차이여."라고.

들려오는 말에 의하면 토벌대들이 마을에서 종적을 감춘 청년네 집을 찾아가 그들을 잡으려 했는데, 집안에 아무도 없자 불을 질렀다는 것이다. 어떤 집에는 사람이 있었는데, 그들에게 아들을 내놓으라고 닦달을 하다가 모른다고 하자, 집을 불태우고 사람을 쏘아죽이기도 했다.

우리 집에서는 집이 불탈 것에 대비하여 세간들과 의복과 식량을 간수하였다. 곡식은 항아리에 담아서 땅을 파서 묻었고, 당장 필요한 세간만 남겨두고 나머지는 집 주위 배케(잣벽, 작은 돌들을 모아 쌓아둔 곳. 밭을 개간하면서 나온 작은 돌멩이들을 한곳에 모아둔 곳이 집 주위에 있다)를 허물어 그 안에 숨겨놓았다. 옷과 옷감은 멱서리나 짚으로 싸서 잣벽에 묻어두었다.

우리도 산으로 피난 가야 했다. 토벌대에 들키면 인정사정없다는 것을 알았다. 작은집(할아버지 동생네 집안) 할아버지가 한밤중에 찾아

와서는 증조부님을 모셔 가겠다고 했다. 증조부님은 70이 넘은 나이에 시력이 약하셨다. (후에 들은 이야기인데) 할아버지가 왜 그러느냐고 물었는데, 작은할아버지는 '여기보다 우리 집이 더 안전하다.'고 말했다. 그날 밤에 증조부님은 작은할아버지를 따라가셨다.

우리 식구들은 아침을 먹고 점심 요기할 것을 마련하고 집을 나섰다. 할아버지는 식구들을 둘로 나누어 따로 가도록 했다. 할머니와 고모와 어머니 그리고 형님, 이렇게 한 곳으로 갔고, 나와 할아버지와 여동생이 한 곳으로 갔다.

나는 식구들과 헤어지는 것이 안타까웠으나, 할아버지는 아무 말씀도 안 하시고 나를 데리고 나가셨다.

마을 동편에는 새기오름이라는 민둥산이 있다. 여름방학이 끝날 때쯤에 마을 백중제를 지내는 곳이다. 아랫마을 의귀리 한복판에는 넉시오름이라는 낮은 산이 있다. 마을 사람들이 산꼭대기에서 망을 보다가 토벌대들이 올라오는 것을 확인하면 긴 장대를 눕혀 놓았다. 아직은 새기오름에 장대가 서 있다.

우리는 마을을 벗어나서 넓은 들판을 지났다. 거의가 목초밭이거나 새왓(띠 밭)이다. 한 시간쯤 걸었다. 좀 높직한 언덕 아래를 돌아가니 뻥하게 큰 구멍이 뚫어져 있었다. 안으로 들어가니 벌써 여러 사람들이 와 있었다. 우리 마을 사람들은 아닌데 할아버지와는 아는 사람 같았다. 큰 궤야(굴)인데, 이 주변에서 일하다가 비를 만나면 피하는 곳이라고 했다. 여기저기 짚이 깔려 있고, 불을 땠는지 불타다 남은 나무토막도 보였다.

우리는 한나절을 보내고 싸고 간 점심을 먹었다. 새기오름에 장대는 여전히 그대로 서 있었다. 해가 서편으로 기울어지자 집으로 돌아왔다. 식구들도 무사했다. 그렇게 며칠 동안 할아버지를 따라 마을을 벗어나서 외딴 곳 여기저기를 돌아다니면서 숨어 지냈다.

그날은 집을 나와 얼마를 가는데, 마을 쪽에서 총소리가 나고, 불길이 솟는 것이 보였다. 할아버지는 황겁히 우리를 길가 졸참나무 숲으로 들어가도록 했다. 거기에도 궤야(작은 동굴)가 있었다. 대여섯 사람이 있을 만한 곳이었다. 할아버지는 궤야 밖으로 나와 멍청하게 마을을 바라보았다. 나도 따라 나왔다. 마을에서 불길이 솟는 것을 볼 수 있었다.

그날 어스름에 마을로 돌아왔는데 우리 집은 그대로 있었다. 집 주위에 있는 몇몇 집도 그대로 있었다. 변두리에 있는 집들만 그대로 있고 마을 집들은 거의 불타버렸다. 토벌대들이 집 마당으로 들어와서 촐눌(꼴더미)에 있는 꼴단을 꺼내 불을 붙이고서 지붕으로 내던졌다고 한다. 그리고 사람들을 보면 그냥 총질을 했다고 들었다.

그날 밤 마을 주민 총회를 열었다. 몇 대 동안 살아온 집을 잃어버린 사람들은 제정신이 아니었다고 회의에 참석하고 돌아온 할아버지가 말했다.

"집에 있는 식량과 가재도구 중에 절반은 내다 주어라. 언젠가는 다 없어질 것인데."

할아버지 말에 어머니는 고모와 함께 집안에 있는 그릇들과 쌀을 마을 구장네 집 마당으로 가져갔다. 구장네 집도 불탔다. 마을에는 세간들을 간수해 두지 않았던 집들이 많았다. 그렇게 모인 식량과 일용품을 여러 집에 나누어 주었다.

그날도 우리 식구들은 새벽조반을 먹고 집을 나섰다. 요즈음은 토벌대들이 이른 새벽에 마을을 덮친다고 했다. 예전과 달리 몇 끼 먹을 음식을 마련했다. 이번에는 식구들이 함께 갔다. 더 멀리 갔다. 우리가 도착한 곳은 넓은 새왓(띠 밭)인데 '정동굴왓'이라는 종갓집 밭이다. 아직 띠를 베지 않아서 사람이 들어가면 키가 보이지 않을 만큼 띠가 잘 자랐다. 그 밭 사방은 높직한 동산이어서 밭이 주변보다 낮았다. 사람들이 그 안에 들어가 앉으면 밭 옆으로 토벌대가 지나가도 찾지 못할 것이라고 말했다. 그 밭 가에는 여러 개의 작은 궤야가 있었다. 여남은 사람이 들어가 앉을 만한 굴이었다. 그것을 하나 우리 식구가 차지했다.

거의가 마을 사람들이었다. 젊은이들은 높직한 동산에서 마을 형

편을 살피도록 했다. 동산에 서면 넉시오름과 새기오름 정상에 세워진 장대가 보였고, 마을 집들도 한눈에 들어왔다.

청년들이 궤야로 들어오면서 장대가 눕혀졌다고 전했다. 아직은 이른 아침이었다. 햇살이 동향인 궤야 입구까지 들어왔다.

나갔던 청년들이 다시 들어와 큰 소리로 의귀리 마을이 불탄다고 전했다. 나도 나가보았다. 마을이 연기로 가득했다. 의귀리는 지역이 넓어서 남아 있는 집들이 많이 있다고 어른들이 말했다. 나는 가슴이 울렁거리기 시작했다. 오늘은 우리 집도 남아있지 못할 것이라고 생각되었다.

낮이 되었다. 우리는 궤야에서 점심 요기를 하였다. 할아버지께서 산 사람은 먹어야 한다고 말씀하였다. 고구마와 메밀가루로 만든 돌래떡을 먹고 있는데, 청년이 들어오면서 "수망리도 다 타고 있다."고 소리를 질렀다. 지난번 두 번째 토벌대가 와서 태우지 못한 집들이 불타고 있다는 것이다. 그때 할아버지가 궤야 밖으로 나갔다가 들어오셔서, "우리 집도 타고 있다."고 전했다. 나는 그 순간 소리내어 울어 버렸다. 왜 울었는지 모른다. 집이 불탄다는 말에 목이 칵 막히고 마구 눈물이 쏟아졌다.

집안 어른들은 그러는 나를 이상한 눈으로 쳐다보았다. 후에도 그때 내가 소리내어 울었던 일을 종종 말했다. 고조할아버지께서 분가

하셔서 지은 집이다. 한라산에서 제일 좋은 궤목과 가시나무를 썼다고 했다. 내가 초등학교에 입학하기 전에 증조할아버지 앞에서 천자문을 읽었는데, 그때 궤목 마루를 물걸레로 잘 닦으면 얼굴이 보일 정도로 맑고 깨끗했다. 거기에 붓으로 글씨 연습을 했다. 그 집이 불타버렸다는 것이다. 집안 식구들 누구도 입을 열지 않았다.

주위가 어슬어슬해지자 새기오름에 장대가 세워졌다. 토벌대가 물러간 것이다. 우리는 집으로 돌아왔다.

집은 간 곳이 없었다. 앙상한 뼈대처럼 붉은 돌벽만이 남아 있었다. 아직도 모락모락 연기가 피어오르는데, '훅' 더운 김이 얼굴로 끼쳐들었다. 그런데 돼지우리에 돼지가 총을 맞고 죽어 있었다. 소와 말들은 몇 마리만 들에 메어두고 나머지는 다 풀어놓았다.

할아버지가 나가시더니 동네 청년 둘을 데리고 왔다. 뒷 울에 숨겨놓았던 멍석들은 가져다가 나무 기둥을 세우고 사방으로 둘러 가려서 바람막이를 만들었다. 남아 있는 꼴단을 풀어 자리를 마련했다. 어머니는 숨겨놓았던 솥을 꺼내 저녁밥을 준비했다. 할아버지는 빈 달구지에 죽은 돼지를 싣고 동네 사람과 같이 끌어서 가까운 냇가로 갔다.

얼마 후에 할아버지는 돼지고기를 갖고 왔다. 동네에 나눠주다 남은 것을 갖고 온 것이다.

저녁 식사를 했다. 삶은 돼지고기는 맛이 있었다.

"이럴 때일수록 정신을 차려야 한다. 산 사람은 살아야 한다."

할아버지는 집으로 들어오지 않는 삼촌들을 걱정했다. 그 많은 자식들이 이제는 곁에 한 사람도 없다. 밤하늘에 별들이 총총했다. 사방은 가려졌으나 위는 가려져 있지 않아서 추웠다. 할아버지와 형은 장작들을 가져다가 마당 한가운데 밤새껏 불을 피웠다.

뒷날도 우리 식구들은 다시 마을을 떠났다. 거의 마을 집들이 불타버렸으니, 다시 불태우려고 토벌대들이 오지 않을 것을 알면서도 집에 그대로 있을 수 없었다. 아직도 마을 외곽 외딴 곳에 몇 채의 집들이 남아 있었다.

그렇게 며칠을 지내다가 할아버지는 우리 형제를 십 리 밖 외갓집에 가 살도록 어머니와 의논했다. 외가가 있는 신흥리 박수물 부락은 산촌 마을인데도 아직 토벌대들이 집을 불태우지 않았다.

"식구들이 따로 따로 있어야 나중에 어느 한 사람이라도 살아있으면 시신이라도 수습할 게 아니냐?"

할아버지는 우리를 떼어 보내기가 어려워하시는 어머니를 설득하셨다. 어머니도 할아버지 말씀을 받아들여 우리를 외가로 보냈다. 어머니는 네 살 된 누이동생과 올해 태어난 남동생을 거느려야 했다. 나와 형님은 외갓집으로 떠났다. 제사나 큰일 때마다 형과 같이

다녔던 익숙한 길이었다. 산길을 가면서 형은 아무 말을 하지 않았다. 예전에 외갓집을 찾아갈 때에는 즐거웠는데, 오늘은 슬펐다. 식구들은 다시는 만날 수 없을 것 같아 두렵기도 했다.

외갓집에서 조반을 먹고 있는데, 어머니가 막내 동생을 업은 채로 찾아왔다.

"아이들을 데려가쿠다."

어머니는 외할아버지께 아버지가 식구들을 데리러 오게 되었다고 말씀드렸다.

"누님, 데려가지 마십서. 남원으로 소개해도 거기라고 안전할 줄 압니까? 이제 몇 달만 참으며 제주도가 새 세상이 될 텐데."

외삼촌이 나서서 어머니를 만류했다(스물대여섯쯤 된 외삼촌은 외갓집의 외아들이다. 벌써 장가를 가서 아들과 딸 하나를 두었다. 소학교만 나온 처지에 어떻게 그런 말을 할 수 있었던가? 아마 그쪽 사람들에게 철저하게 교육을 받았을 테지. 그 외삼촌을 기억할 때마다 당시 제주도 사람들이 얼마나 허황된 생각에 갇혀 있었는가를 짐작한다).

"네가 어떻게 남의 집 자손을 책임질 수 있느냐? 누이 말대로 보내줘야 한다."

외할아버지가 외삼촌을 나무라면서 어머니 청을 받아들이셨다

(나는 그 말을 기억하지 못한다. 그런데 훗날 어머니는 그때 정황을 여러 번 되풀이해서 말씀하셨다).

우리 형제는 어머니를 따라 고향 마을로 향하였다.

후에 아버지께서 우리 식구를 구하려고 애쓰셨던 일은 여러 번 말씀하셨다. 가장으로서 아버지 마음을 이해할 수 있다.

추자도에 피신해 있었던 아버지는 제주도가 온통 불바다가 되었고 사람들이 다 죽어간다는 소식을 들었다. 하루도 더 머물 수 없어서 제주읍으로 돌아왔다. 그러나 고향으로 갈 길이 아득했다. 제주읍에서 서귀포까지 동서로 신작로를 따라 정기 버스가 운행되었는데, 버스길이 막혀버렸다. 길에 숨어 있던 무장대들의 습격이 두려워서였다.

제주읍에는 아버지 외삼촌이 제주자동차회사에 관리직으로 근무하고 있었다. 우리는 그 어른을 '차부할아버지'라고 호칭했다. 아버지는 외숙에게 사정했다. 제주읍에서 며칠 지내면서 섬이 온통 미친 사람들로 가득하다는 것을 알았다. 아무나 길거리에서 서북청년단원들에게 잘못 걸리면 반죽음이 되었다. 그렇게 며칠을 지내다가 겨우 서쪽으로 서귀포까지 가는 버스 편을 얻을 수 있었다. 후에 아버지 말씀은 목숨을 하늘에 맡겨두고 버스를 탔다는 것이다. 위험하다고 만류하는 사람이 많았다.

하루 종일 걸려서 서귀포에 도착했다. 그러나 남원까지 약 15킬로미터의 길을 가기가 아득했다. 아버지 형뻘 되는 친척 어른이 서귀포에 살고 있었는데, 그 집에서 기숙하다가 자전거를 빌려타고 한밤에 남원으로 달렸다. 위험한 길이었다. 경찰이나 산사람에 들키는 날에는 살아남지 못한다는 것을 알면서도 가족들 생각에 한시도 지체할 수 없었다.

남원까지 왔으나 수망리 산간부락으로 가족을 데리러 간다는 것은 생각할 수 없었다. 중산간(中山間) 부락, 특히 의귀리와 수망 한남리는 산사람 구역이었다. 산사람들은 마을에 사는 사람들이 해변 마을로 내려가는 것을 막았다.

그러다가 아버지는 지서에 협조를 얻고 수망리와 의귀리에 가족을 두고 있는 경찰관과 공무원들 몇이 의논해서 가족들을 소개시키는 계획을 세웠다. 경찰관과 민보단원 몇이 지원을 받아 아버지와 몇 사람이 떠났다. 의귀리 마을 중앙에 이르렀을 때였다. 양쪽으로 총을 쏘아대면서 공격해 오는데, 도저히 앞으로 나갈 수가 없어서 결국 퇴각하고 말았다.

한 번 경험을 살려서 이번에는 더욱 치밀하게 계획을 세웠고 경찰 병력도 많아졌다.

며칠 전에 어머니는 아버지가 남원에 와 계시니 내려와서 한번 만나자는 연락을 받았다. 어머니는 막내 동생을 업고, 한남리를 지나 남원리 윗동네인 서옷귀 마을을 지나 남원에 가기로 작정했다. 그 길이 외진 길이었다. 어머니는 어린 동생을 업고서 아랫마을로 빠져 나오는데, 길목을 지키고 있던 산사람에게 심문을 당했다.

"오늘이 외갓집 제사인데, 시어머님이 누워계시고 남자 어른들은 아무도 없어서 제가 가는 길이우다."

외갓집 이름도 대었다. 그렇게 두 번이나 검문을 받고 남원에 내려가 아버지를 만났다. 서로 살아있다는 것만도 기뻤다. 어머니는 그 길로 다시 마을로 올라와서 내려갈 준비를 하고 우리를 데리고 온 것이다.

우리가 고향 마을 어귀에 있는 새기오름 앞에 이르렀을 때였다. 젊은이 셋이 우리를 막아섰다. 둘은 남자였고, 한 사람은 여자였다. 그중에 한 사람은 의귀리 아버지 진외가 일가 사람으로 어머니와는 잘 아는 사이었다.

"이 뒤숭숭한데 어디 갔다 오셤쑤과?"

아는 사내가 물었다. 그들은 허리에 칼을 차고 있었다.

"아이들을 외갓집에 맡겨 두었다가 오늘이 조모님 제삿날이라서, 시국이 이렇지만."

그들은 어머니 얼굴을 찬찬히 보더니 어서 가보라고 했다.

"우리가 남원으로 소개해 가는 것을 다 알고 지키는 것 같다. 이 일을 어찌하면 좋아?"

어머니는 집에 당도하자 산사람을 만난 이야기를 했다. 할아버지와 아버지는 이왕지사 하늘에 맡기자고 했다. 마차 두 대에 짐을 잔뜩 싣고 떠날 준비를 했다. 아버지는 우리 형제를 보더니 아무 말씀도 하시지 않았다. 나는 아버지를 만난 것이 더없이 좋았다. 형님은 이불을 한 채 지었고, 어머니는 동생을 업고, 할아버지와 아버지는 마차를 끄는 소를 몰았다, 고모와 할머니도 이불을 지었다.

"문주와 문찬이는?"

아버지는 할아버지에게 두 동생의 안부를 물었으나 할아버지는 대답하지 않았다.

우리는 약속한 장소로 갔다. 아랫마을로 내려가는 길목 '올리수'라는 냇가 앞에 모이면 경찰관들과 민보단원의 경호를 받으며 내려가게 되었다.

모두들 모이자 출발했다. 우리를 경호하는 사람은 경찰관 여섯과 민보단원이 넷, 모두 열이었다. 민보단원이 앞장섰고 다음에 사람들, 그리고 경찰관은 뒤에서 따랐다. 대부분 일가 사람들로서 공무원 가족들이었다. 그중에는 의귀리에 가족을 둔 군청에 다니는 아버지 친구도 있었다. 의귀리에서 식구들에게 준비하도록 하고, 거기

있으면 위험할 것 같아서 경찰관을 따라 여기까지 온 것이다.

그분이 먼저 내려가는데 이불을 진 형님도 따라갔다.

일행이 내리막길을 내려섰을 때였다. 길에 담벽이 쌓여있어 마차가 지나갈 수가 없었다. 경찰관들이 당황하기 시작했다. 산사람들이 미리 알고 내려가는 길을 막아놓은 것이다. 사람들이 쌓아놓은 담벽을 치우려고 할 때였다. 오른편 숲에서 사격이 시작되었다. 모두들 혼비백산 마차를 두고 길을 벗어나 내(川) 반대편으로 달아났다. 나는 아버지 손에 이끌려서 무작정 뛰었다. 아버지는 형님을 걱정했다.

우리는 외진 길을 이용해서 남원에 무사히 도착했다. 그러나 마차에 실은 짐은 다 놔두고 왔다. 형을 만났는데, 죽을 고비를 넘긴 이야기를 했다. 군청에 다니는 분과 같이 '높은모루' 동산에 이르렀을 때였다. 오른편 숲에서 총소리가 났다. 형은 이불을 진 채 길가 도랑으로 굴러 떨어졌는데, 바로 앞에 가던 그분이 피를 흘리면서 쓰러졌다. 형은 총소리가 뜸한 틈을 타서 이불을 진 채 무작정 뛰었다. 뒷날 그 군청에 다니는 아버지 친구가 죽었다는 소식을 들었다.

어렵게 남원리로 소개한 우리는 그래도 마음이 놓였다. 아버지 친구들이 필요한 세간과 식량을 마련해 주었다. 할아버지와 할머니, 고모와 며칠 뒤에 내려온 둘째 고모네 식구들은 할아버지 친구 집 바깥채를 빌려 살았다.

그런데 작은할아버지 댁으로 가신 증조부님은 모셔오지 못했다. 할아버지와 아버지는 증조할아버지를 걱정했다.

남원 마을은 조용했다. 우리는 신작로 길가 집에 살았다. 이따금 경찰관들이 신작로를 지나면서 "○○○○ 있어?" 하고 소리쳤다. 그러면 집 주인인 중년 사내는 병색이 완연한 얼굴로 방문을 열고 밖을 내다보면서, "잘 있수다." 하고 대답했다.

아버지는 그 사연을 말했다. 이 집 주인은 사상 문제로 지서에 종종 드나들었는데, 요즈음은 몸이 아파 집에만 들어박혀 지낸다고 했다. 경찰관은 지나가면서 그의 동태를 알아보기 위해 이름을 부르는 것이라고 했다. 아버지는 우리를 소개시키기 위해 당했던 이야기를 심심찮게 말했다. 내려오지 못한 두 삼촌과 증조할아버지를 걱정했다.

불티는 마을

진눈개비가 어지럽게 날리던 초겨울 이른 아침이었다. 아침 식사를 하는데 마을 북쪽 입구에서 총소리가 연달아 났다. 늘 있는 일이어서 마음 쓰지 않았다. 그런데 다시 총소리가 났다. 밖으로 나갔던 아버지가 황급히 들어오시면서 "폭도가 습격 왔다."고 소리쳤다. 우리는 식사를 그만두고 밖으로 나왔다. 마을 북쪽 곳곳에서는 불길이 치솟고 있었다. 어머니는 작은 이불로 갓난 동생을 싸안고 나왔다. 아버지는 형님에게 소리쳤다.

"길언이와 너는 저쪽으로 도망쳐라. 바닷가로 가서 숨어 있어라."

아버지와 어머니는 우리와 반대편으로 사라졌다. 형님은 아버지 지시대로 내 손을 붙잡고 바닷가로 달려갔다.

바다는 만조여서 발 아래까지 물이 가득 찼다. 큰 바위를 의지해 숨어서 바로 눈앞으로 밀려온 바닷물을 보면서 생각했다.

"폭도가 여기까지 온다면 우리는 어떻게 될까?"

그러면서 이따금 바위 밖으로 나와 마을을 바라보았다. 온통 마을은 불길에 휩싸여 있었다. 검은 연기가 초겨울 바람에 날려 하늘로 치솟고 있었다. 이따금 총소리도 났다.

바닷물이 써기 시작했다. 아주 빠르게 물이 빠져나갔다. 우리가 숨어 있는 바위 아래로 자잘한 돌들이 널려 있는 돌밭이 펼쳐졌다. 거기에는 조개도 있을 것이다. 그러나 조개를 잡을 엄두가 나지 않았다. 물이 빠져나가자 마음이 좀 여유로웠다. 해는 이미 서쪽으로 기울고 있었다. 그때 사이렌 소리가 들렸다. 여기저기서 웅성거리는

사람 소리가 들렸다,

"양민들은 손들고 나와라!"

고함소리에 우리 형제는 두 손을 머리 위에 얹고 나왔다. 무장한 군인들이 모여드는 사람들을 정리했다. 마을을 뒤덮었던 불길도 사라져 버렸다.

우리는 군인의 안내를 받아 마을로 들어섰다. 신작로 양편에 늘어서 있던 집들이 모두 불타 없어졌고, 그 자리에 앙상한 돌담들만 남아 있었다. 면사무소도 학교도 모두 불타 없어졌다. 마을은 마치 도깨비 나라 같았다. 불탄 자리에는 모락모락 연기가 피어오르고 있었다. 길가에는 죽은 사람들이 널려 있었다. 어린아이도 늙은이도 있었다. 짐을 진 채로 죽어 있는 사람도 보았다.

우리는 지서 앞 고구마를 캐어낸 넓은 밭에 모였다. 여기저기서 울부짖는 소리가 들렸다. 아버지와 어머니랑 할아버지가 궁금했다. 형과 나는 주위를 두리두리 살피면서 식구들을 찾고 있었다.

"야, 느네들 살아 있었구나!"

어머니가 우리를 보고는 달려와 나를 껴안았다. 막내를 업고 여동생의 손목을 꼭 잡고 있었다.

"아버지는?"

어머니는 갑자기 눈시울을 붉히면서 신작로 가에 있는 양철지붕

집을 가리켰다.

달려가 보니 좁은 방 한 귀퉁이에 할머니가 누워 있고, 그 옆에 아버지와 할아버지가 앉아 있었다. 할머니 아랫도리는 벌겋게 피로 젖었다. 그 옆에 고모가 훌쩍이고 있었다. 폭도들이 할머니를 철창으로 마구 아랫도리를 찔러서 피를 많이 흘렸다고 했다.

"지가 살아줘서 고마워. 난 면목이 없어."

할아버지가 할머니가 저렇게 된 내력을 식구들에게 설명했다.

그즈음 할머니는 감기로 누워 있었다. 습격이 왔다는 말을 들었으나, 할아버지는 피할 생각을 하지 않았다. 그런데 안채 친구가 피하라고 소리치는 바람에 할머니를 옆구리에 끼고 뒷울로 나왔다. 울담이 높아서 할아버지가 먼저 담 위로 올라가서 할머니의 손을 잡고 끌어올리는데, 청년 두엇이 달려들어 담을 넘는 할머니를 철창으로 마구 찔렀다. 할아버지는 할머니를 끌어올려 울담을 넘고서 피 흘리는 할머니를 옆구리에 끼고 달렸다. 그런데 그 청년들도 쫓아오는 것이었다. 할아버지는 힘을 다해 달렸는데 폭도와의 거리가 차츰 좁아졌다. 마침 소나무들을 다 잘라 그대로 버려진 소나무 밭이 있었다(그 당시 마을 주위 솔밭은 작전상 다 잘라버렸다). 할아버지는 그 솔가지 밑에 할머니를 밀어 넣으면서 말했다.

"나라도 살아야 나중에 시신이라도 수습할 테니."

피 흘리는 할머니를 놔두고 혼자 달렸다. 그제야 뒤따라오던 폭도들이 되돌아갔다.

토벌대 증원군이 들어와서 마을을 수습하자 할아버지는 그 소나무밭으로 가서 할머니를 찾았다. 할머니는 피를 흘리면서 목숨을 부지하고 있었다.

날이 저물고 있었다.

밖에서 사람 떠드는 소리가 났다. 죽여! 찢어 죽여! 아버지가 나갔다. 나도 뒤따라 나갔다. 길가에 한 사내가 고개를 떨구고 있었다. 사람들이 돌멩이를 던지고 장작으로 그 사람을 두들겨 패면서 고함을 질렀다. 이 폭도새끼야. 아버지가 그에게 가서 얼굴을 보았다. 나도 보았다. 우리 마을 사람이었다. 그 아들이 나보다 학교 1년 선배였다. 나는 무서워 들어와 버렸고, 아버지도 들어왔다. 누구더냐? 예, 저 윗동네 ○○○입디다. 아버지와 할아버지는 한숨을 쉬었다. 다행이라는 표정이다.

고모가 죽었다가 살아난 이야기를 말했다.

할아버지네와 같은 집에서 살던 막내 고모와 둘째 고모도 폭도가 습격했다는 말에 마당으로 나왔다. 앞집이 불타고 있었다. 올레로부터 사람이 들어오는 기척이 났다. 엉겁결에 외양간으로 들어가니 멍석이 있었다. 그것을 펼쳐서 안에 숨었다. 사람이 외양간으로 들어와서 멍석을 휙 걷어내었다. 두 고모와 청년의 눈이 마주쳤다. 순간 청년은 얼른 그 멍석을 덮고는 나가버렸다.

"여기 아무도 없으니, 어서 가자. 가져갈 것도 없다." 그들은 짚단에 불을 붙여 지붕 위로 내던지고 밖으로 달아났다. 두 고모는 집이 불타는 것을 알고는 얼른 나와 뒷울에 숨어서 살아났다.

"그가 누구더냐?"

할아버지가 물었다. 그러나 고모는 할아버지 말을 못 들은 척했다.

"누구냔 말이냐?"

할아버지가 역정을 내셨다.

"그 사내가 어머니를 저 지경으로 만들지는 않았을 거우다. 그러니 다시 묻지 맙서. 눈에 흙이 들어가지 전에는 말할 수 없수다."

둘째 고모 표정이 하도 완강했다. 아무도 더 묻지 않았다.

(고모는 그 후 30년이 지난 어느 날 소설을 쓴다는 내게 그 사람 이름을 말했다. 이미 그 사내는 세상을 떠난 후였다. 우리 마을 청년이었다.

"우리 네 식구랑, 동생까지 여섯을 살려준 은인인데도, 그에게 고맙다는 말을 할 수 없었다. 서로 알면서도 모른 척하는 것이 상책이라고 생각되어서, 그런데 이제는 말해도 되지. 조카야 그렇지."

나는 고모의 그 말을 들으면서 4.3을 다시 생각했다. 생명의 은인에게 고마운 말을 할 수 없었던 그 마음을 누가 이해할 것인가?)

그날 곱게 늙으신 노인이 할머니 옆으로 와 앉더니 손을 꼭 잡아주었다. 할아버지와 아버지가 그 노인을 측은하게 바라보았다. 그는 할머니 친정 친척이었다. 그런데 그의 아들은 세상 사람들이 다 아는 남로당 면 중심인물이었다. 그러나 친정 조카가 경찰 간부여서 친정집에 의지해 살다가 습격을 당한 것이다.

잠시 후에 바닷가에서 총소리가 요란스럽게 났다. 습격 왔다가 미처 되돌아가지 못하여 잡힌 폭도를 총살한다고 누가 말했다.

뒷날 그 곱상한 노인이 보이지 않았다. 경찰에 잡혀가서 총살당했다고 들었다.

이틀 후에 경찰이 할머니 일을 알고는 쓰리쿼더를 타고 왔다. 할머니와 할아버지 그리고 우리 형제가 그 차를 타고 서귀포로 갔다. 할머니는 병원에 입원했고, 우리 형제와 할아버지는 아버지 고종 4촌 여동생네 바깥채에 기식하였다. 그녀는 여자지만 일본에서 중학교를 졸업했다. 그때 서귀포 경찰서 여자경찰관으로 근무하고 있었다.

서귀포에서 지내던 며칠 동안에 시골 아이인 나로서는 서귀포가 인상적이었다. 내가 4살 때인가, 요도 결석으로 이곳 병원에서 수술을 받은 적이 있다. 생전 처음으로 버스를 탔는데, 길가 전신주들이 재빠르게 지나가는 것이 신통했다. 서귀포에서는 지붕 위에 전신주(전기 배선용)들이 있는 것을 신기하게 생각했던 기억이 되살아났다.

나는 경찰에서 가져다주는 누룽지를 맛있게 먹기도 했고, 이따금 서귀국민학교 주변을 돌아다니기도 했다. 크고 규모가 반듯한 학교 건물이 부러웠다. 그런데 지금은 군부대가 주둔하고 있다. 교문에는 집총한 군인이 두 사람씩 근무를 하는데, 눈을 부라리고 오가는 사람들을 주시했다. 국민학교 앞에서 서귀포 바다를 보면 마치 꿈속처럼 편안하고 아름다웠다. 섭섬과 새섬과 문섬이 한눈에 들어왔다. 물새 우는 소리도 들리는 것 같았다.

이따금 교문에서 트럭이 나왔다. 양편 좌석에는 집총한 군인들이 있고, 그 가운데는 포승에 묶인 사람들이 고개를 숙이고 앉아 있다. 저들이 폭도다. 이제 총살하러 간다. 구경하던 아이들이 소곤거렸다. 트럭이 학교를 빠져나와 얼마쯤 지나서 정방폭포 쪽에서 총소리가 어지럽게 났다.

우리 형제가 며칠 동안 서귀포 생활을 마치고 남원으로 돌아왔다. 지서 앞 넓은 공터에는 '함바'라는 임시 움막과 같은 집들이 즐비하게 지어져 있었다. 송진내 나는 나무들을 잘라다가 임시로 기둥을 세우고 띠를 엮어 덮고 사방도 띠를 엮어 겨우 바람막이를 한 집이었다. 그 함바를 한 칸씩 한 가구에게 나눠주었다. 우리는 할아버지와 고모네, 그리고 둘째 고모랑 세 칸을 차지하게 되었다.

습격에 대한 많은 이야기들을 들을 수 있었다.

우선 끔찍한 이야기는 남원 마을은 지서 주변 몇 가구를 제외하고는 약 400호가 불타버렸다. 죽은 사람이 60여 명이 된다고 했다.

그것을 알려주듯이 마을 이곳저곳에는 아기무덤 같은 작은 무덤들이 많이 새로 생겼다. 그중에 끔직한 사건은 정씨 집안(우리가 일본시대 그 집 바깥채에서 살았다) 일이다. 나보다 1년 선배인 (고)정 자홍 네 근친인(3촌인가 4촌지간일 거다) 한 가족 모두가 폭도에게 납치당해 행방불명이 되었다. 중년인 주인은 반 미친 사람이 되었다. 그리고 우리가 살던 그 집, 아침마다 경찰관이 지나가면서 이름을 부르며 확인했던 그 사람도 습격 온 날 밤에 경찰에 잡혀가 총살을 당했다.

모든 주민들이 동원되어 푸지개로 돌을 날라다가 지서를 중심으로 돌성을 쌓기 시작했다. 젊은이들은 철창을 들고 토벌대와 같이 공비토벌에 참여했다. 중산간 부락에서 내려온 주민들은 토벌대를 따라 고향 마을로 올라가 숨겨놓았던 물건들을 갖고 나왔다. 우리도 집이 불타기 전에 숨겨놓았던 것 중에 남은 것들은 갖고 내려왔다. 그것으로 한겨울을 살아야 했다.

아버지와 할아버지는 토벌대에 참여했다. 증조할아버지와 삼촌네를 찾기 위해서였다. 할아버지는 이따금 한숨을 쉬었다.

"지 애미가 저렇게 된 것을 알고 있나 원. 불효막심한 놈! 지놈도 틀림없이 습격을 왔을 테니, 쟤가 지 애미를 저 지경으로 만든 거여."

할아버지는 이따금 탄식처럼 말하였다(지금 생각하면 할아버지의 그 심정을 누가 이해할 수 있을까? 아들에 대한 원망의 말이 아니라, 그리움에 지친 말씀이었을 것이다).

아버지는 산에서 귀순하는 사람들을 붙잡고 증조할아버지와 삼촌네 소식을 들었다. 그런데 들려오는 이야기는 분분했다. 증조할아버지도 한곳에 오래 머무는 것이 아니라, 옮겨 다닌다는 것이다. 삼촌에 대해서는 언젠가 우리 집터에 와서는 울기도 했다는 말을 들었다고 전했다. 아마 할머니가 저렇게 된 것을 알고 있었을 거라고 식구들은 말했다.

매일매일 귀순해 오는 사람들이 많아졌다. 막대기에 하얀 헝겊으로 백기를 만들어 들고 한 가족이 무거운 짐을 지고 내려왔다. 아이들은 학교 운동장에서 놀다가 그런 사람들을 보면, "빨갱이 온다!" 소리를 지르면서 돌멩이를 던지기도 했다.

함바에는 매일 아침 싸우는 소리로 떠들썩했다. 함바 주위에 널려 있는 대변 때문이었다. 변소 시설이 제대로 되어 있지 않아서, 대부분 공중변소가 마련되어 있기는 한데, 너무 사람이 많아서 급하면 바닷가로 가서 아무데서나 처리하였다. 한밤중에는 그렇게 나돌아 다니는 것이 두려워서 함바 주변에 아무렇게나 처리했다. 그러면 남원리 사람들은 '폭도들의 ○' 이라고 몰아붙였다. 그 대변을 보면 안다고 했다. 나무 열매가 나오면 틀림없이 폭도들 것이라고 했다. 남원리 사람들은 소개해온 사람들을 모두 '폭도'라고 했다. 그들은 집과 재산을 하루아침에 다 불태워 잃어버렸고, 어떤 집에서는 식구가 죽거나 다쳤으니 그렇게 분을 풀었다.

사람들에게는 식수도 문제였다. 국민학교 운동장 옆에 두레박으로 떠올리는 깊은 우물이 있고, 간조 때에는 바닷가 샘에서도 물을 길어왔다. 그런데 우물에서 물을 길 때에는 산간 부락에서 내려온 아낙들이 멸시를 당하곤 했다.

성담이 완성되자 성 밖 출입은 허가를 받아야 했다. 나는 마을을 약간 벗어나 소나무들을 베어낸 솔밭으로 가서 땔감을 해왔다. 한겨울을 지내려면 허술한 함바에서는 땔감이 필요했다.

어느 날 오후였다.

"모두들 지서 뒤로 모입서."

마을 유사가 두부 종을 흔들면서 함바 동네를 돌아다녔다. 사람들을 집합시킬 일이 있으면 언제나 그랬다. 무슨 일인가? 사람들은 서로 얼굴을 쳐다보면서 궁금해 했다.

사람들이 지서 뒤 고구마를 캐어낸 빈 밭에 많이 모였다. 그 밭 주위는 쓸모없는 잡초 밭으로 꽤 넓었다.

"여러분 중에 유가족은 다 나와요!"

지서 주임이 모인 사람들을 향해 소리를 질렀다. 경찰관들이 사람들 틈을 다니면서 나오도록 재촉했다. 할아버지는 주위를 살피더니 나갔다. 할머니가 산사람에게 창을 맞았으니 유가족이 되었다. 아버지는 그 장소에 나오지 않았다.

잠시 후에 트럭이 한 대 도착했다.

"유가족들은 몽둥이를 하나씩 준비해요!"

지서 주임이 다시 말했다.

트럭에서 먼저 무장한 경찰들이 내렸고, 이어 포승이 묶인 사람들이 내렸다. 벌써 저놈 죽여라! 찢어죽여라! 하는 소리가 들렸다.

"조용하시오."

운전석에서 내린 권총 찬 경찰관은 약간 높직한 곳으로 올라가서는 흥분한 사람들을 진정시켰다.

"여기 있는 이 폭도들은 악질 중에 악질이오. 여러분이 살고 있는 이 평화로운 이 마을을 불바다로 만들었고 우리 형제를 죽인 악독한 폭도들이오." 그러고는 뭔가 장황하게 말했다. "이번에 이들은 폭도들로부터 피해를 많이 당한 위미리와 남원리 주민들이 보는 앞에서 처형하려고 합니다. 그래서 유가족들은 한을 푸세요."

말이 떨어지자 유가족들은 돌멩이를 던지면서 분에 복받친 저주를 퍼부었다. 어떤 사람은 몽둥이를 들고 가서 이미 반죽음이 된 그들을 내리쳤다. 그들은 얼굴을 땅에 박은 채 고통에 못 이겨 버둥거렸다. 순간 내게 떠오르는 그림이 있었다. 누에들이 누에판 위에서 꾸물대는 것이었다. 그때였다. 그중에 한 사람이 어떻게 포승을 풀었는지 달아나기 시작했다. 너무 급작스럽게 일어난 일이라 경찰관들이 당황해서 마구 총질을 했다. 그러나 그 폭도는 위쪽을 향해 달려갔다. 아무리 총을 쏘아도 맞지 않았다. 달려가는 사람의 주위에 총탄이 떨어지는가 먼지가 일었다. 그때 위에서 사람들이 몇 내려왔다.

"그놈 폭도다. 잡아라."

이편에서 소리를 질렀다. 도망치던 청년이 내려오는 사람과 한바탕 붙었다. 이편에서 경찰관이 달려가서 결국 그가 다시 잡혀왔다.

유가족의 저주와 분노와 증오에 의해 거의 죽은 폭도들을 향해 경찰들은 확인 사살을 하듯이 마구 총을 쏘았다. 사람들이 조용했다. 분을 머금고 죽이라고 소리를 지르던 사람들도 조용했다. 어디선가 바람까마귀 떼가 몰려들었다.

사람들은 시신을 그냥 두고 함바로 돌아왔다. 할아버지는 넋 나간 얼굴이었다.

뒷날 이른 새벽에 할아버지는 아버지를 데리고 지서로 가서 사정을 했다. 아는 친척의 시신을 거둬주려고 한다고. 지서에서도 허락했다. 할아버지와 아버지는 누구도 보지 않을 때에 어제 젊은이들이 처형되었던 그곳으로 갔다. 시신들은 엉켜 있었다. 두 부자는 막내 삼촌의 시신을 겨우 찾았다. 얼굴을 알아볼 수 없었으나 혈육이어서 찾아낼 수 있었다. 할아버지와 아버지는 눈물을 머금고 아들과 동생을 땅을 파서 묻고 작은 아기 무덤을 만들었다. 막내 삼촌이 처형을 당하던 그날에, 어머니께 '새로운 세상'이 올 것이니 남원에 내려가도 안심할 수 없다.'고 말하던 그 외삼촌은 위미리에서 처형당했다는 소식을 들었다. 어머니는 아무 말도 하지 않았다. 나를 봐준 것이구나. 중얼거렸다. 남원에서 처형당하지 않은 것을 다행으로 생각하시는 것이다.

그날 이후에 할아버지는 말수가 아주 적어졌다. 이따금 한라산 쪽을 쳐다보면서 한숨을 쉬었다.

하루는 우리 함바로 최근에 하산한 아버지 아는 사람이 놀러 왔다. 그는 며칠 전에 식구들을 데리고 자진 귀순을 했는데, 아버지가 신원을 보증해 줘서 석방이 되었다. 요즈음엔 귀순한 사람들은 큰 문제가 없으면 대부분 석방을 시켰다. 의귀리 아랫동네 사람이라, 의귀리 사람이 보증을 서줘야 하는데, 마침 지서에 볼일이 있어 갔던 아버지가 보증서 주게 된 것이다.

그 사람은 아버지께 고맙다는 인사를 하면서 산속의 생활을 이야기했다. 이야기를 듣던 아버지는 우리가 남원으로 소개할 때 당했던 일을 말했다.

그 말을 듣던 그 사람 얼굴이 새하얗게 변하면서 아버지 다리를 확 부여잡는 것이었다.

"성님, 살려주십서. 그때 나도 무장대와 같이 있었수다. 나는 총질은 하지 않았지만, 길 한가운데 담벽을 쌓아서 우마차가 건너가지 못하게 했고, 그렇게 해서 못 가져간 물품들을 모두 구루마(마차)째로 가져갔수다."

아버지는 그 사람을 물끄러미 쳐다보았다. '도둑놈이 제 발 저린다.'는 말이 맞구나. "성님, 제가 그때 가져간 물건 값을 이제 갚겠수다. 밭이 여러 필이 있는데, 그중에 아무거라도 말만 허십서. 드리쿠다. 빈말이 아니우다."

그러면서 밭 이름을 죽 말했다.

"어느 것도 좋수다. 원하시는 것을 말하면, 제가 드립주. 이 자리에서 증서를 쓰쿠다."

그제야 아버지는 그의 마음을 알았다.

"오해허지 말게. 난 그저 지내온 이야기를 하는 것뿐이네. 자네에게 무슨 밭을 받아. 난 그런 생각 추호도 없네. 이렇게 살아서 얼굴을 마주 보고 지난 이야기를 나눌 수 있는 것도 조상의 은덕이 아닌가?"

그래도 그 사람은 몇 번이고 아버지께 권하다가 거절당하자,

"그럼 그 은혜 평생 잊지 않겠수다." 하고 마무리를 지었다.

그 당시에는 말 한마디에 목숨이 오락가락할 때였다. 훗날 아버지는 그때 그 사람의 청을 들어주지 않았던 것은 참 잘한 일이라고 말씀하셨다.

겨울이 오자, 할아버지는 증조할아버지가 더 걱정되었다. 그리고 아직도 소식이 없는 삼촌도 걱정이었다.

어느 날 귀순한 사람을 통해서 증조할아버지 소식을 듣게 되었다. 그 뒷날 아버지와 할아버지는 토벌대에 끼어 고향으로 갔다. 마을 외곽에 있는 궤야에 혼자 계셨다. 어떻게 끼니를 해결하셨는지 알 길이 없다. 토벌대 눈을 피해 작은 할아버지네가 잡수실 것을 준비해 드렸을 것이다. 그러나 워낙 토벌이 심하여서 그것도 쉽지 않았을 것이다. 할아버지와 아버지는 우선 증조할아버지는 모셔올 수 있어서 안심했다.

형님은 추자도 삼촌이 살고 있는 곳으로 갔고, 할아버지는 함바 생활이 어려워서 옆 마을 태흥리에 집을 빌려 이사했다. 나와 여동생, 그리고 막내와 증조할아버지는 어머니가 보살폈다.

봄이 되자 학교가 개학했다. 학교도 모두 불타버렸기 때문에 우리는 바람막이를 찾아가서 공부했다. 조회 때마다 교장 선생님은 다른 학교에서 보내온 위문편지를 읽으면서 눈물을 흘렸다. 교장 선생님은 남원국민학교에 일제시대부터 계셨던 분이다. 사태가 어려워지자, 졸업대장, 학적부, 상장대장 같은 중요 문서를 안전한 곳에 숨겨두어서 다행스럽게 보존할 수 있었다. 그 일은 내가 5학년이 되던 해의 어느 밤에 학교에서 공부하면서 알게 되었다. 어느 날 교장선생님은 조회 때에 왜 산사람들이 학교까지 불태웠는지 이해할 수 없다고 했다. 학교를 불태울 때에 졸업생도 있었을 것을 생각하면 가슴이 터진다고 말씀하셨다.

그즈음에 학교를 짓는다는 말이 나돌았다. 의귀리에는 토벌대들이 주민가옥은 모두 불태우면서도 학교는 그대로 두었다. 그래서 거기에 군부대가 주둔해 있었는데, 얼마 전에 무장대들이 한밤중에 기습해 와서 한바탕 큰 전투가 벌어졌다. 그 후에 군부대는 태흥리로 옮겨 갔고, 학교 건물은 그대로 있다. 면에서는 그 학교를 그대로 해체하여 그 재목으로 초등학교를 짓기로 했다. 의귀리 사람들은 반대를 했으나, 그대로 놔두면 언제 그 학교 건물이 온전히 남을지 아무도 모르기 때문에 타협이 되었다.

어느 날 의귀리 군부대에서 무장대와 군인 간에 큰 전투가 벌어졌다. 새벽에 무장대 대부대가 군부대를 습격했는데, 학교 지붕에 설치해둔 기관총으로 무장대를 물리쳤다. 그런데 그 싸움에서 군인도 여러 명이 전사했다.

그런데 문제는 그것으로 끝나지 않았다. 그동안 귀순한 산사람들을 부대에서 심사해서 석방을 했다. 그날도 석방된 사람들이 있었는데, 그중 더러는 해변 마을로 내려갔고, 내려가도 의탁할 데가 없는 사람들은 내일 낮에 내려가기로 하고 하룻밤 더 머물렀다. 그런데 그날 밤에 싸움이 벌어졌다. 뒷날 부대장은 남아 있는 귀순자들을 모두 처형하도록 명령을 내렸다. 그들은 하루 좀 편하게 지내려다가 큰 변을 당한 것이다.

마을 재건

6.25전쟁이 일어나는 해, 그러니까 1950년에 의귀리 마을이 재건되었다. 학교터를 중심으로 돌성을 쌓고 그 안에 해변 마을에서 생활하던 사람들을 이주시켰다. 수망리나 한남리 사람들도 재건된 이 마을로 몰려들었다. 해변 마을에서 괄시를 받으면서 살기보다는 고향이 가까운 이 마을이 좋았던 것이다. 성문을 남북 두 곳에 두고 허락

을 받아야 외부 출입을 하게 되었다. 낮과 밤에 성 담 곳곳에 만들어진 보초막에서 남녀 주민들이 교대로 지켰다. 경찰관 출장소를 두어 마을을 산사람들로부터 보호했다.

할아버지와 둘째 고모네는 의귀리로 이사했다. 고향 밭에 농사를 짓는 데는 남원리보다 가까워서 편리했다. 의귀리가 재건된 그해 여름에 산사람에게 크게 다친 할머니는 시름시름 앓다가 세상을 떠나셨다.

산에 남아 있었던 삼촌 소식은 여전히 들려오지 않았다.

일 년 뒤에 수망리 마을도 재건되었다. 그러나 우리 집은 남원에 그대로 살았다. 아버지가 여전히 면사무소에서 일을 보고 있었기 때문이다.

초등학교 6학년이 되었을 때에 우리는 수망리 고향 마을로 되돌아갔다. 집이 전소되어 남원으로 소개한 후 3년 만이다. 마을 사람들은 성을 쌓고 그 안에 살았고, 밤이면 성문 밖 출입이 자유롭지 않았다. 밤과 낮에는 보초를 섰고, 마을에서 멀리 떨어진 곳으로 가기 위해서는 허락을 받았다.

원래 우리 마을은 110가구쯤 되었는데, 정작 재건해서 올라온 집은 60가구도 채 안 되었다. 그 사태에 식구가 전몰하거나 어린아이만 남아서 가족을 이룰 수 없는 집안도 있었다.

마을 사람들 대부분은 두어 해 전만 해도 '산사람'이었다. 그러나 이제는 모두 수망리 사람들이 되었다. 그들은 산에서 살았던 이야기를 주저하지 않고 했다. 모여 앉으면 그때 이야기를 했다. 누가 산 사람이고, 누가 토벌대 편이라는 것을 말하지 않았다. 그저 살고 죽음이 그 한 순간에 달려 있었음을 체험한 이야기를 풍성하게 했다. 모두들 그 이야기를 진지하게 했고 들었다. 재미있어서가 아니라, 누구의 이야기였던 그것이 내 이야기가 되었기 때문이다.

막내 고모가 그 시국에 혼기를 놓치고 시집을 가지 못하다가, 그 사태 때에 숨어 있다가 귀순해서 운 좋게 재판을 받고 여러 형무소에서 수형생활을 하다가 만기 출소한 분과 결혼을 하였다. 그 고모부는 집 앞에 수백 년 된 팽나무가 있는데, 그 나무에 올라가 살다가 토벌대에 귀순했다. 고모부는 숨어 살 때 이야기나 수형생활 이야기를 재미있게 했다. 자랑할 일이 아니지만 부끄러워할 일도 아니라고 생각했을 것이다. 그 고모부는 고모와 살면서 아들 다섯과 딸 하나를 얻었다. 마을 사람들은 그 이야기를 들으면서 운이 좋았다고 말했다.

나는 중학교 2학년 때부터 여름 방학이 되면 고향에 내려와 어머니와 조밭 김을 매었다. 대여섯이 수눌어 매었는데, 이랑 앞에 앉아서 김을 매기 시작하면 어머니는 이야기판을 벌였다. 어머니 이야기가 끝나면 다른 부인네가 이야기를 넘겨받았다. 대부분 그 시국에 살았던 이야기이다.

어머니는 한이 많았다. 외아들인 외삼촌이 그 지경을 당했다. 시어머니도 그렇게 되었다. 시동생 둘을 잃었다. 장손의 며느리로서 집안을 책임져 하루하루를 살아가면서 죽을 고비를 여러 번 넘겼다. 누구를 미워하고, 좋아하고 할 겨를이 없이 살았다.

그즈음에 한라산에는 공비가 얼마 남지 않았다. 그래도 한라산은 안전하지 않았다. 우리 마을 위쪽 교래리로 가는 길목 붉은오름 밑에 토벌대가 주둔하였고, 민오름 정상에도 토벌대 주둔소가 생겼다. 공비가 출몰하면 즉시 출동할 수 있도록 한라산을 중심으로 빙 돌아가면서 토벌대가 주둔했다. 이제 얼마 남지 않은 공비를 토끼몰이식으로 토벌한다는 것이다.

그동안 농사를 짓지 않았던 밭에는 잡풀이 우거졌다. 마을 사람들은 그 풀을 베고 오랜만에 밭을 갈아 농사를 지었다. 불타버린 집터를 정리했다. 집터에 남아 있는 담벽을 헐고 그 돌들을 한곳으로 모았다. 그 일을 하면서 할아버지는 마음이 아팠다. 작은삼촌의 소식은 막연했다. 죽었다는 소식도 듣지 못했다.

성은 탄탄하게 쌓았다. 약 5~6미터 간격으로 이중으로 담을 쌓고 그 사이에는 마을 냇가에 지천으로 널려 있었던 탱자나무를 잘라다가 쌓아 놓았다. 누구도 그 가시 많은 탱자나무를 밟고 성안으로 넘어올 수 없도록 했다.

아직 밭농사가 제대로 되지 않아서 생활이 어려웠다. 옛 집터에 우거진 나무들을 베어내어 숯을 구워 팔았다. 마을 목장은 졸참나무 밭인데, 그 나무로 숯을 구웠다. 우리 마을에서 생산되는 숯은 제주시에서도 환영을 받았다. 피난민들이 많이 몰려와서 숯의 소비량이 많아졌다.

나는 수망리로 이사 와서 1년을 남원국민학교로 통학하다가 졸업하고는 아버지께 떼를 써서 읍내 중학교로 진학했다. 6.25전쟁으로 피난민들이 들끓어서, 4.3사건에 대한 일도 거의 잊혀지고 있었다.

어느 날 마지막 남은 공비인 오○○가 잡혔다는 소식을 들었다. 그러나 아무런 감동도 없었다. 그리고 1954년 겨울에 한라산이 개방되면서 실질적으로 4.3사건이 끝났다.

1954년 겨울

그해 겨울에는 눈이 많이 내렸다. 겨울방학이 늦어졌다. 12월 20일이 넘어서 방학이 되었다. 형님과 그 친구들은 4.3사건이 끝났다고,

한라산이 개방되었으니 산을 가로질러 고향에 가보자고 했다. 신작로가 생기기 전에는 한라산 남쪽에 사는 사람들은 이 산길을 이용해서 말을 타거나 걸어서 성안(제주시)을 오갔다. 하루나절 걸린다고 했다.

나와 형님, 그리고 형님네 친구 셋(고교 2~3학년)이서 이른 새벽에 제주시를 떠났다. 아침도 변변하게 먹지 못했다. 자취를 하던 처지라 방학이 가까워지면 식량도 용돈도 다 떨어질 즈음이었다. 우리가 살던 집 할머니가 새벽에 떠나는 우리 형제를 생각해서 배고프면 먹으라고 콩을 볶아 주었다.

봉개 마을 지나 명도암이란 동네에 이르자 길가에 눈이 조금씩 남아 있었다. 우리는 마음 쓰지 않았다. 한라산이 개방되고서 우리가 처음으로 산을 가로질러 걸어간다는 생각에 약간 설레기도 했다.

교래리 평원으로 들어서는 길목인 다내오름 기슭에는 눈이 많이 쌓여 있었다. 그동안에 사람 출입이 없었지만 예전 길은 없어지지 않았다. 교래리 평원에 이르자 온통 눈밭이어서 길을 찾기가 어려웠다. 눈이 정강이까지 차올랐다. 다리가 지쳤다. 내가 좀 쉬어 가자고 하면 형님이 눈을 부릅뜨고 재촉했다. 이럴 때에 앉아서 졸면 끝장이라고 했다.

우리는 할머니가 마련해준 볶은 콩을 조금씩 나누어 먹으면서 걸었다.

길을 찾을 수 없었으나, 교래리 지경과 남군(南郡)을 경계 짓는 잣담이 있고, 그곳을 넘어서면 토벌대 주둔소가 있는 붉은오름이다. 그 오름만 바라보면서 걸었다. 길이 따로 없었다. 다행히 눈이 더 내리지는 않았다. 그래도 정강이까지 차오른 눈길을 걷는 것은 너무 힘겨웠다.

우리는 거의 해가 질 무렵에 잣담을 넘어 붉은오름 기슭에 이르렀다. 눈이 덜 쌓였다. 다리에 힘이 없고, 배가 고팠다. 그러나 이제 우리 마을 지경으로 들어섰다는 안도감에 힘이 솟았다.

"저기가 붉은오름 주둔소였던 자리다."

형의 친구가 말했다.

"여기에서 더 산속으로 들어가면 궤야들이 많아. 거기가 숨으면 누가 와도 찾을 수 없지. 식량만 충분하였다면 공비들이 오래도록 싸울 수 있었을 거야."

산에서 산 생활을 했던 형의 다른 친구가 말했다.

조금 내려가자 민오름 주둔소 성담이 눈을 뒤집어쓴 채 앉아 있는 것이 보였다.

"주둔소에서 근무했던 토벌대들도 죽을 고생을 했어. 얼마나 춥다고? 토벌대원 중에도 골병든 사람들이 많아."

우리는 이미 옛날이 된 4.3 사건을 이야기했다. 형 친구 셋은 산 생활을 했는데, 다행히 살아났다. 이야기를 시작하자 그때 산 생활이 재미있었다는 듯이 이야기가 길어졌다. 마을이 가까워지자, 이상하게 허기진 배도 덜 고팠고, 지친 다리에도 힘이 났다.

"참 의미 있는 행사를 치렀다. 한라산 개방 기념으로 산을 가로질러 고향에 오게 되었으니."

형의 말에 모두들 잠잠했다. 정말 그 사태에 살아남았다는 것은 기적이었다.

4.3사건의 끝남을 기념하여 한라산 동쪽 기슭 교래리 벌판을 가로질러 산길 걷기가 무사히 끝났다. 이 넓은 벌판에서 얼마나 많은 사람들이 피를 흘리면서 죽어갔던가? 얼마나 많은 사람들이 배고픔과 헐벗음과 공포에 짓눌려 증오를 씹으면서 세월을 보냈던가? 우리가 걸어왔던 죽음의 그 눈길을 얼마나 많은 제주 사람들이 밟으면서 세상을 원망했던가? 그러나 그날 우리는 그 아픈 지난날의 이야기를 재미있게 나누었다.

문득 이 글을 마무리하면서, 중학교 3학년 겨울 방학, 맨몸으로 그 넓은 벌판 눈길에 도전했던 일이 되살아났다. 나에게 4.3은 이렇게 끝났다. 끝없이 펼쳐진 설원을 보면서, 그것이 제주사람들의 하얀 넋이라고 생각했다. 그런데 4.3은 그날로 끝나지 않았다. 나는 내게 펴

부었던 야유와 비난의 글들을 읽다가 그만 두면서, "당신들이 4.3을 아느냐?"고 되묻고 싶었다.

왜 4.3은 날이 갈수록 그 사건과 관계가 덜한 사람들에 의해 분노와 대립과 갈등으로 치닫게 되는가? 나같이 4.3을 폄훼한다는 사람들 때문인가? 누가 진정으로 4.3을 폄훼하는가? 그것은 죽은 이들에게 물어볼 수밖에 없다. 그렇게 생각하다가 진실 위에서만 가능하다는 것을 알게 되었다. 그래도 그 시국을 살았던 사람들은 그 진실을 공유할 수 있었다.

작년에 형님은 제주도 여기저기 흩어진 조상의 묘소를 옛 집터 뒤로 이장했다. 그 자리에 생사를 모르는 문주 삼촌의 가묘와 남원에서 처형당한 문찬 삼촌의 묘소도 이장하여 나란히 모셨다. 이 두 무덤을 바로 바라보도록 할아버지 할머니의 묘소가 앉아 있다. 문찬 삼촌이 유가족들의 저주에 숨을 거두면서, 그 유가족 틈에 끼어 허둥대는 할아버지 얼굴을 보았을까 겁이 난다. 할아버지도 그러한 상상에 얼마나 괴로워했을까? 할머니는 당신의 아랫도리를 찌른 그 청년 중에서 혹시 문주 삼촌의 얼굴을 꿈에라도 보지 않았을까?

경찰에 한평생 몸담고 살았던 셋삼촌은 두 동생을 생각할 때마다 소리없이 울었다. 어느 날 꿈에 두 동생이 집 올레 정낭 밖에 서 있는데, 셋삼촌이 '왜 거기 서 있느냐, 어서 올레 안으로 들어오라.'고 손

짓해도, 두 동생은 물끄러미 형을 바라보다가 등을 돌리더라고 꿈 이야기를 했다. 그러한 꿈을 꾸기까지 두 동생의 죽음에 집착해 있었던 셋삼촌의 가슴은 까맣게 타들었을 것이다. 어떻게 해야 4.3사건에 희생된 영령들을 위로하는 일인지, 생각할수록, 글을 쓸수록 아득하기만 하다.

주

1. 제주에서 세상을 지배할 큰 인물이 날 것을 두려워한 중국 왕이 풍수사(風水使)를 제주에 보내어 인물이 날 지맥(地脈)을 끊어버렸기 때문에, 제주에는 인물도 나지 않고 물도 귀하게 되었다는 설화이다.
2. 송남헌, 『해방3년사』, 까치, 1985. pp. 49-77.
3. 입법위원에 당선된 문도배는 구좌면 인민위원회 위원장이었고, 의사인 김시탁은 조천면 인민위원회 문예부장이었다.
4. 제주의 좌파가 중앙의 정세와는 달리 독자적인 노선을 취하였다고 해석하지만, (4.3사건진상규명과 희생자 명예회복위원회,『제주4.3사건진상보고서』, 2003. p.79.) 이후부터는 '위원회', 『보고서』로 처리할 것임. 결국 이들도 중앙정치 상황에 따랐다는 점을 고려할 때에 주변지역의 특수한 정치환경으로 해석하는 것이 옳다.
5. 결성 시기에 대해서는 이방운, 김봉현 등 여러 의견이 각각 다르다. 『보고서』, p.93.
6. 『보고서』, p.93.
7. 제주도 건준 출범 당시 도 위원장 오대진, 부위원장 최남식, 총무부장 김정노, 치안부장 김한정, 산업부장 김용해. 이들 중에 부위원장을 제외한 모두는 공산당원이었다. 그리고 건준 집행위원은 김시택·김필원·김임길·이·원옥·조몽구·현호경·문도배 10명이었는데, 이 중에 조몽구 현호경 문도배가 공산당원이었고, 김시택도 입법위원에 선출되었다가 사퇴한 인민위원회 조천면 문예부장이었다. 이렇게 초기 건준이나 그를 계승한 인민위원회는 공산당원이 중심 세력을 이루었다.
8. 남로단 조직부원으로 활동하다가 전향한 김생민의 증언(2001.7.13) 채록. 당시 77세. 『보고서』 각주, p.94.
9. 위원회, 『제주4.3사건 자료집』(신문편) 1. (위원회, 2001) 1, pp.58-82.
10. 윗책, p.83.
11. 이 자료는 제주대학 조성윤 교수가 현장 취재 시 입수하여 제주4.3연구소에 기증한 것을 제주4.3연

구소에서 펴낸 『제주항쟁』 창간호 (실천문학사, 1991)에 게재하였다.(pp.161-211.)

12. 존 R. 메릴/신성환, 『침략인가 해방전쟁인가』(과학사상사, 1988), p.175.

13. 『보고서』, p.103. 이 내용은 김남식, 『남로당 연구』, (돌베개, 1984, pp.275-278.)을 참고했다.

14. 「제주신보」, 1947.4.12.

15. 그 당시 신문보도에 의하면 남로당 탈당성명이 많이 발표되었는데, 그 내용을 보면 한 마을에 많은 사람들이 집단적으로 입당했다가 탈당하는 상황이었음을 확인할 수 있다(『자료집』1. p.251).

16. 문창송, 『한라산은 알고 있다. 묻혀진 4.3의 진상』, p.17. 이 책은 "濟州道人民遊擊隊 鬪爭報告書(제주도 인민유격대 투쟁 보고서)"라는 이름으로 인민유격대의 무장 반란에 대한 계획과 반란 이후의 활동 상황을 세밀하게 기록하고 있다. 이 문서는 유격대장 이덕구가 소지하고 있었는데, 그가 토벌 과정에서 사살되자, 당시 경찰 간부였던 문창송이 입수 보관하였다가 잉크로 쓴 원문을 영인하고 이를 활자화하여 소책자로 발간했다. 이 문서는 제1대 유격대장인 김달삼이 소지하였다가 그가 해주대회에 참가하면서 이덕구에게 인계한 것 같다. 내용은 인민유격대의 조직 상황과 4차에 걸친 그 변모 상황, 작전 투쟁 상황을 각 읍면 단위로 1948년 7월 말까지 기록했다. 내용 중에 9연대와의 관계는 4.3을 이해하는 데 결정적인 단서가 된다. 인용시『노획문서』로 함.

17. 김봉헌·김민주,『제주도 인민의 무장투쟁사』 문우사, 1963. pp.84-85. 이 책의 필자인 김봉현은 제주읍 오현중학교 역사 교사로 재직하면서 제주민전 문화부장으로 활동하다가 4.3이 일어나기 전 도일하였다. 필자는 1993년에 일본 오사카에서 그를 만나, 4.3에 대한 이야기를 들을 기회가 있었다. 그의 저서의 내용은 객관적 사실이기보다는 4.3사건에 대한 자신의 입장을 다소 주관적으로 기술했다는 인상을 받았다. 그리

고 김민주는 4.3 당시에 조천 중학원 학생이었는데, 입산하여 소년 유격 대원이 되었다. 그러나 그는 남로당의 당론으로 결정한 반란 목적을 숙지할 처지가 아니었다. 이러한 민족적 이념 지향적인 슬로건은 남로당이 대중적 지지를 얻기 위한 정치적 언어에 불과하다.

18. (1), (2), (3)은 필자가 자의적으로 붙인 것임.

19. 『보고서』는 '4.3은 남로당 제주도당이 독자적으로 결정하여 실행했다.'는 점을 강조하고 있다. 그 근거가 되는 자료로서 인민유격대투쟁보고서에서, 9연대를 동원하기 위해서 문상길을 만났는데, 그가 중앙당의 지시가 없어서 참가할 수 없다고 한 부분을 제시하고 있다. 그런데『노획문서』에는 군 동원에 대해 구체적으로 제시되고 있다. 주 (13)에서는 프락치가 군 동원의 가능성을 말하고 있는데, 문상길은 불가능성을 말했다면 그것은 두 세포 간의 생각의 차이이다. 그러나 경비대 9연대가 이 반란에 참여하기로 했다는 사실은 설사 4월 3일이 아니더라도 언젠가는 실행해야 할 투쟁 과제임에 틀림없다. 남로당 중앙당의 입장에서 육지에서 일어난 투쟁이 거의 실패했음을 감안하면, 그들의 정치적인 입장을 위해서 제주 반란의 성공을 기대하고 응원하는 것은 당연하다. 이 반란이 기폭제가 되어 전국적으로 투쟁의 열기가 확산될 수도 있기 때문이다.

20. 「노력인민」, 제113호(1948.11.7). 아라리연구회편, 『제주민중항쟁』, (소나무, 1988), pp.408-413.에 재수록 된 것을 부분적으로 인용했음. 원문 한자를 한글로 표기했음.

21. "미 정보보고서에 의하면 남한 농촌의 4분지 1이 투표에 참가했으나, 이 중에 5%만이 남쪽 이승만 정권에 대항하는 정부 수립을 위하여 선거를 치르고 있다는 것을 알고서 투표에 참가하였다. -- 제주도에서는 85% 주민이 투표하였다." 존 R. 메릴, p.178.

22. 남로당 제주도당이 자체적으로 결정했다고 주장한다.(『보고서』, pp.162-165.)

23. 주한 미 971방첩대 격주간보고서, 1948. 2. 15, 주한 미 제6사단 일일 정보보고서, 1948. 2. 12~13. 『보고서』에서 재인용.

24. 남로당원이었던 이운방 김생진에 의하면, 반란 지도부에서는 반란의 승산을 전략적으로 예측했다고 증언했다. (『보고서』, pp. 159-160.)

25. 재일 조선인 시인, 김시종의 증언 (『보고서』, p. 159.)

26. "이 방화사건 현장을 미군이 공중 촬영하여 이것을 자료로 "제주도 반란"이라는 다큐를 제작했다. 영화에서 이 방화사건이 무장대 측에서 저지른 것처럼 편집했다. 이미 이 시점에서 미군정은 강경진압 정책을 결정했다."는 것이다. (『보고서』, p. 200.) 이와 같이 평화회담의 의미를 강조하면서 그것을 의도적으로 파기한 것이 반란을 확대하는 중요한 계기가 되었다고 인식하였다.

27. 남로당 세포 문상길 중위, 손선호 하사, 배경용 하사, 양회천 이등상사, 이정우 하사(미체포), 신상우 하사, 강승규 하사, 황주복 하사, 김정도 하사 9명이었는데, 이정우는 탈영 입산했고, 문상길 신상우 손선호 배경용은 총살형, 양휘찬에게는 무기, 강승규에게는 징역 5년, 황주복 김정도는 증거 불충분으로 무죄를 선고했다. (『보고서』, p. 219.)

28. 박진경 연대장을 사살했던 손선호 하사의 법정 진술과 재판 과정과 변호인 변론 내용의 일부, 그리고 문상길 중위의 총살 집행전의 최후 유언을 그대로 인용하여 그들의 주장의 정당함을 인정하는 듯한 인상을 독자들에게 주고 있다. (『보고서』, pp. 225-229.)

29. 이 계엄령 선포에 대해서는 두 가지 문제에서 논쟁이 계속되고 있다. 하나는 미군이 개입했는지, 두 번째는 아직 계엄법이 제정되지 않는 상황이기 때문에 불법이라는 것이다. 『보고서』는 이 두 문제에 대해서 미군이 개입했고, 불법이라는 입장이다.

섬의 반란, 1948년 4월 3일

펴낸날 초판 1쇄 2014년 6월 25일
초판 5쇄 2021년 10월 10일

지은이 현길언
펴낸이 김광숙
펴낸곳 백년동안
출판등록 2014년 3월 25일 제406-2014-000031호

주소 경기도 파주시 광인사길 22
전화 031-941-8988
팩스 031-8884-8988
이메일 on100years@gmail.com

ISBN 979-11-95263-87-5 04300
979-11-86061-55-8 04300 (세트)

※ 값은 뒤표지에 있습니다.
※ 잘못 만들어진 책은 구입하신 서점에서 바꾸어 드립니다.